SER FELIZ É COISA
DA SUA CABEÇA

JOAQUIM GUIMARÃES

SER FELIZ É COISA DA SUA CABEÇA

São Paulo, 2024

Ser feliz é coisa da sua cabeça

Copyright © 2024 by Joaquim Guimarães
Copyright © 2024 by Novo Século Ltda.

EDITOR: Luiz Vasconcelos
COORDENAÇÃO EDITORIAL: Silvia Segóvia
ORGANIZAÇÃO DE CONTEÚDO: Adriana Bernardino
PREPARAÇÃO: João Campos
REVISÃO: Andrea Bassoto
CAPA E PROJETO GRÁFICO: Lumiar Design
ILUSTRAÇÕES: Eder Santos

Texto de acordo com as normas do Novo Acordo Ortográfico da Língua Portuguesa (1990), em vigor desde 1º de janeiro de 2009.

Dados Internacionais de Catalogação na Publicação (CIP)
Angélica Ilacqua CRB-8/7057

Guimarães, Joaquim
    Ser feliz é coisa da sua cabeça / Joaquim Guimarães .
-- Barueri, SP : Novo Século Editora, 2024.
240 p. :il., color

ISBN 978-65-5561-908-9

1. Filosofia 2. Neurociência 3. Psicologia 4. Felicidade I. Título

24-4754   CDD 100

Índice para catálogo sistemático:
1. Filosofia

Alameda Araguaia, 2190 – Bloco A – 11º andar – Conjunto 1111
CEP 06455-000 – Alphaville Industrial, Barueri – SP – Brasil
Tel.: (11) 3699-7107 | E-mail: atendimento@gruponovoseculo.com.br
www.gruponovoseculo.com.br

Dedicatória

Este livro não tem grandes aspirações, senão contribuir minimamente para as feridas abertas na mente e na alma dos seres humanos. No meio do caminho, um terreno arenoso e cheio de espinhos, alguns lançados contra mim, que usei como experiência na construção deste livro.

Dedico esta obra ao meu avô, Joaquim Inocêncio (in memoriam), com quem tive o privilégio de sentir, quando comecei a ter consciência da vida, ainda criança, que quando há o amor sublime, ele é dito numa linguagem muda e eloquente e que a finitude é uma questão de perspectiva de plano espiritual. Nos dias nublados, a lembrança do olhar dele me ilumina.

Aos meus pais, meus maiores orgulhos, João e Teodora Dalva, com quem aprendi que o amor incondicional, a doação e os exemplos de vida são os bálsamos de uma formação sólida e perene que nada e ninguém pode nos tirar.

Aos meus irmãos, João José e João Paulo, com quem aprendi que o amor entre irmãos é um laço inquebrável, repleto de memórias e um apoio incondicional que dura por toda a vida.

À Paloma, minha companheira e cúmplice de vida, com quem aprendi que ter um lugar manso para pousar ao lado de alguém depois de voos turbulentos é uma verdadeira poesia.

Aos meus sobrinhos, Arthur e Alexandre, com quem aprendo a voltar aos meus tempos de criança.

Aos meus poucos amigos, com quem aprendi que, sem eles, não manteria a integridade e a sanidade de mim mesmo, e que a amizade é indissociável da felicidade.

A Tieta (in memoriam), Sendeira (in memoriam), Maria Isabel (in memoriam), Maria Gabriela e Maria Joaquina, com quem pude e posso vivenciar que a relação entre os cães e o homem é uma conexão pura e incondicional, em que lealdade e felicidade se entrelaçam, criando um laço que transcende palavras.

Na pessoa do meu irmão de alma e companheiro de labuta, Leo Chaves, com quem aprendo sobre resiliência, persistência, caridade e amor ágape, dedico aos meus colegas de trabalho.

A Adriana Bernardino, Dra. Carla Tieppo, Silvia Segóvia e Luiz Vasconcelos, meu editor, com quem aprendi que para realizar o sonho de materializar esta obra era necessário ter pessoas que acreditassem e trabalhassem comigo.

Aos médicos Edson Marquez, Virgílio Prado, Paulo Naves, Eduardo Crosara, Dalva Poyares e Haroldo Rocha, que me ensinaram e continuam a ensinar sobre as características funcionais do meu corpo, e que contribuíram para a construção dessa obra. Aos meus professores, que me mostraram, parafraseando Rubem Alves, que professores não devem amar pássaros engaiolados, e sim os pássaros em voo, porque voar é nato dos pássaros que precisam apenas serem encorajados.

Por fim e não menos importante, a uma das minhas maiores inspirações jurídica, filosófica, poética e, mais do que isso, um ser humano encantador, o mestre Silvio Venosa, com quem aprendi, já no primeiro ano de faculdade, que a ciência jurídica pode ser apreendida e aplicada de forma sistêmica, leve e poética, inspirando-me a escrever sempre o tendo como referencial, e que me presentou e me honrou com a apresentação única e peculiar deste livro.

Sumário

Prefácio 9
Apresentação 11
Introdução | A descoberta individual da felicidade 17

Capítulo 1 | Um conceito aberto de felicidade 23
Capítulo 2 | Felicidade ou filosofia
A arte de tecer felicidade 43
Capítulo 3 | Fé e felicidade 61
Capítulo 4 | A bússola 75
Capítulo 5 | "Graças a Deus hoje é sexta-feira!" 105
Capítulo 6 | O movimento que produz felicidade 129
Capítulo 7 | Será que ele me ama? 145
Capítulo 8 | Pensando coisas cheias de calor 157
Capítulo 9 | Motivação em tempos difíceis 171
Capítulo 10 | Causas da infelicidade 187
Capítulo 11 | Regras de diamantes azuis 217

Prefácio

Há perguntas que são praticamente impossíveis de serem respondidas. Mas também são igualmente impossíveis de serem esquecidas. É o caso da busca pela felicidade. "E a tal felicidade? Existe ou não? É possível ou utópica?". O livro que está em suas mãos, leitor, é uma oportunidade de navegar num conjunto de estruturas de pensamentos que vão permitir o aprofundamento de várias visões distintas sobre o tema. Algumas podem até já ter chegado a você por uma fonte ou outra, mas a narrativa proposta neste livro é cuidadosa e provocadora.

O século XXI trouxe a oportunidade de confrontarmos as recentes descobertas da neurociência com as antigas descobertas das ciências humanas. Essas, construídas por séculos e séculos de debates e percepções sobre concretudes e abstrações e experimentos mentais e dados empíricos, exploram uma visão muito apropriada sobre o ser humano e suas especificidades. Diante disso, é desejável que o estudo sobre o cérebro e sobre a natureza subjacente à existência humana possam fazer parte, de forma estrutural, nas concepções disponíveis sobre o ser humano, seu comportamento, suas relações e sentimentos.

A neurociência é que inspira o título *Ser feliz é coisa da sua cabeça*. O esperado é que procuremos a felicidade em nosso coração. Mas, mesmo sem saber, muitos de nós estamos procurando a felicidade do lado de fora. Atribuímos ao que nos acontece e o que fazem conosco, uma parcela considerável da responsabilidade sobre nossa felicidade. Colocar a felicidade dentro da sua cabeça é uma forma de inspirar a todos para procurarem uma felicidade que está sob seus cuidados. Que é você mesmo quem a alimenta e também quem a prejudica. Durante a leitura será inevitável enfrentar o questionamento sobre o que temos feito para encontrar a felicidade. Mas é possível que a leitura também nos faça refletir sobre o sentido dessa procura. Porque a provocação contida no texto bem costurado pelo autor é que a felicidade é algo a ser construído. Quem sabe a melhor palavra seria lapidar. Quando Michelangelo foi perguntado sobre a mágica feita para lapidar Davi no mármore, ele respondeu que a obra sempre esteve no bloco de mármore. O que ela havia feito foi tirar do bloco de mármore o que não era Davi. A felicidade pode ser algo assim: está na vida que temos para viver e lapidar a felicidade pode ser tirar dela o que não é felicidade.

Mas essa é apenas a minha percepção. Estou certa de que as provocações contidas neste livro irão produzir diferentes percepções em cada um dos leitores porque o tema tratado é extremamente dependente das experiências vividas por cada um de nós. O que é comum a todos nós, como humanos que somos, é que nossa consciência de existir produz muitas camadas de desconforto e é isso o que nos diferencia das outras formas de vida que habitam esse nosso planeta. Por isso mesmo, temos alguns compromissos dos quais não podemos nos furtar. Um dos mais importantes deles é construirmos juntos os recursos necessários para desfrutarmos desta maravilhosa experiência que é VIVER. O autor deste livro, o querido Joaquim, está fazendo a parte dele aqui. Aproveitemos cada linha dessas reflexões para aumentarmos nossa chance de construir uma vida plena e feliz.

Dra. Carla Tieppo
Doutora em Neurofarmacologia pelo Instituto de Ciências Biomédicas da USP.
Escritora e palestrante, é pioneira na aplicação da ciência do cérebro no desenvolvimento humano e organizacional.

Apresentação

Podemos iniciar a apresentação desta obra com duas perguntas aparentemente singelas, que levarão o leitor a sua ampla leitura e meditação: você é feliz? Ou infeliz?

As respostas têm merecido muitos textos, alguns complexos demais para questões tão diretas.

É verdade que muito se escreveu sobre o tema – psicólogos, sociólogos, psiquiatras e filósofos, sem nos esquecermos dos poetas e cancioneiros.

Nessa seara, as respostas podem ser as mais variadas, simples e complexas. Pois J. Joaquim Guimarães Costa parte para esse enorme desafio nas linhas desta obra, que certamente deleitará o leitor, trazendo um convite à reflexão para todos nós. Na verdade, a resposta a essa indomada questão já está no título da obra: *Ser feliz é coisa da sua cabeça!*

Mas para chegarmos a essa simples conclusão, Joaquim, com maestria, faz um aporte profundo da existência humana, trazendo uma pesquisa quase avassaladora de opiniões de inúmeros escritores e autores das mais variadas áreas, demonstrando uma exaustiva pesquisa e profunda cultura.

Minha intenção neste prólogo é sinteticamente colocar o leitor ciente e ávido do que vai ler, sem ser possível, nem conveniente, um texto largo e cansativo

Já no introito de sua obra o autor adverte com algo que todos sabemos, mas nem sempre desejamos saber: "A construção da felicidade é, antes de qualquer coisa, complexa, cheia de detalhes, armadilhas, aventuras, desventuras, buscas e descobertas". Pois é nessa senda que o texto de Joaquim nos brinda com ideias e conclusões. Quando afirma que não existe uma receita para a felicidade – nem adiantaria, pois não somos os mesmos sempre –, aquilo que gera felicidade varia de pessoa para pessoa e pode ter prazo de validade.

No capítulo 1, "Um conceito aberto de felicidade", o autor transita pela civilização com os conceitos universais de felicidade. Entre os inúmeros autores citados, é curial a lembrança de Adolf Huxley, em seu grandioso *Admirável mundo novo*, ao afirmar que o medo de ser infeliz é um peso agonizante. Eu ouso completar que buscar a felicidade também é. Ou, em outras palavras, o medo de perder retira o prazer de ganhar.

Nesse capítulo está o paralelismo entre o dinheiro e a felicidade, que certamente encantará o leitor. Nesse diapasão, a feliz lembrança do Butão ali feita é sempre bem-vinda, sem esquecermos da moderna Finlândia. A seguir, o autor comenta em detalhes a felicidade crônica, algo que não é absolutamente normal, assim como a infelicidade.

No capítulo 2, "Felicidade ou filosofia", o texto principia sob a epígrafe de "A arte de tecer felicidade". Histórias tocantes aguardam o leitor. O texto transita pelos epicuristas, estoicos, psicanálise, logoterapia e psicologia positiva, com textos e comparações fantásticas.

No capítulo 3 temos "Fé e felicidade". O capítulo caminha pelas religiões, citando na abertura excerto do padre Vieira em sua obra *Sermão da sexagésima*. Plantar nunca é em vão, mesmo no deserto há sementes que florescem. O autor se sai muito bem em algo complexo a todas as religiões que é definir felicidade.

No capítulo 4, "A bússola", a ideia é apresentar um norte ou um destino ao leitor, citando histórias, inclusive mencionando o poeta Carlos Drummond de Andrade "no meio do caminho tinha uma pedra"... O texto enfatiza que cada um deve pensar e agir, pois a felicidade não nasce da imobilidade.

O capítulo 5 tem por título "Graças a Deus, hoje é sexta-feira!" e se inicia com a lembrança que eu sempre comento com meus alunos: escolham um trabalho que amem e estarão em férias a vida toda. Essa é uma grande lição que o autor analisa. E ele se lembra de Chaplin em *Tempos modernos*. Texto de leitura muito agradável. Tudo é no sentido de que não se pode adiar a felicidade, não se pode ficar para o amanhã. O autor lembra desse aspecto no subitem "É só na sequência dos agoras que você existe". Na verdade, o tempo não espera.

O capítulo 6, "O movimento que produz felicidade", trata-se de uma ode contra a acomodação; não se admite ficar sentado eternamente em berço esplêndido. Escrito de muita praticidade. Veja-se a análise do sono e dos sonhos.

O capítulo 7, "Será que ele me ama?", é um magnífico escrito sobre condutas no amor. Comparações positivas com nossos animais de estimação e sua importância.

Já o capítulo 8, "Pensando coisas cheias de calor", traz histórias engrandecedoras. A felicidade, em síntese, não está na ciência, mas no calor de nossas atitudes e no pensamento positivo. Se há vontade é possível realizá-la – *There is a will, there is a way*. Há muitos exemplos nesse capítulo. Inclusive, há um comentário no sentido de que o otimismo melhora o metabolismo.

No capítulo 9, "Motivação em tempos difíceis", o texto começa com a história e as dificuldades de Frida Kalo. Um excelente exemplo para o título. Mas há outras histórias relevantes. Saber vencer os obstáculos é uma arte. Texto particularmente construtivo.

No capítulo 10, "Causas da infelicidade", o autor principia o texto com uma frase direta: "Só se conhece a felicidade tendo experimentado e vivido a infelicidade". É fato, só se sabe o que é bom se tiver conhecido o ruim. Como segue o autor, são momentos de infelicidade que constroem a felicidade. O capítulo cita várias personalidades, inclusive Wood Allen, "com seu característico pessimismo". A seguir, analisa uma das maiores infelicidades que existem, que é o medo da morte. Apesar de várias teorias e muitas provas, o ser humano não sabe exatamente para onde vai depois da morte. Sabe-se que a vida, de certa forma, continuará. O texto aí é interessante e agradável. O autor também analisa a dor da perda de forma profunda. O medo da morte pode prejudicar a vida. Muitas opiniões são citadas. Há também um precioso ensaio sobre a velhice e as diversas fases da vida, e sobre o medo da pobreza.

No capítulo 11, "Regras de diamantes azuis", o capítulo final, o autor se debruça no pensamento direto da felicidade, com as costumeiras citações que perpassam toda a obra, o amor e o calor humano, sob o altruísmo. Há um destaque especial no subtítulo "Por que fazer o bem nos faz bem". A felicidade no ato de ajudar. Esse último capítulo é o feixe de ouro desta magnífica obra.

O leitor terá nesta obra uma profunda aula de vida, em texto abrangente e que exige meditação e leitura repetida. São dezenas de autores de todas as especialidades, citados e transcritos no texto. Um trabalho árduo que engrandece as letras brasileiras e merece um local de destaque em todas as bibliotecas.

Difícil definir a qual compartimento do conhecimento este livro se insere. Sociologia, psicologia, história, crítica literária, todas essas e muito mais.

O leitor tem nesta obra o resultado de um artífice que nos dá a lume uma luz importante para nossas vidas. Uma obra de consulta para os vários momentos e fases de nossa vida. Cada assunto merece repetidas leituras. Minha intenção na apresentação desta obra foi apenas resumir de forma simples o conteúdo do livro, pois longe está e nem é o propósito ser mais profundo.

Por tudo que aqui foi dito e comentado, encerro esta singela apresentação da obra do querido J. Joaquim Guimarães Costa parafraseando meu poeta parnasiano preferido, Vicente de Carvalho, e que se amolda a este epiteto: "A felicidade está sempre onde nós a pomos, mas nós nunca estamos onde a colocamos".

Campinas, setembro de 2024.
Sílvio de Salvo Venosa

Felicidade se acha é em horinhas de descuido.
(Guimarães Rosa)

Introdução

A descoberta individual da felicidade

Caro leitor, se você estiver lendo este livro com a esperança de encontrar um segredo ou uma fórmula mágica para ter uma vida sem dificuldades ou descontentamentos, é importante saber desde já: ele não é para você. Por favor, não me entenda mal. Trata-se de um aviso sincero que lhe poupará tempo, pois a intenção contida nestas páginas é justamente demonstrar o oposto dessa ideia, isto é, o segredo não existe.

Ainda estamos juntos? A felicidade não é, nem de longe, estar no barco da vida navegando suavemente em um mar de rosas. Tampouco é – como muitos vendedores de fórmulas para o sucesso querem nos fazer acreditar – uma receita de bolo cuja mistura dos mesmos ingredientes, nas mesmas proporções e ordem, acaba sempre da mesma forma. Mas o que é uma pessoa feliz ou a felicidade?

Certa vez, um leitor enviou esse mesmo questionamento ao psicanalista e escritor Rubem Alves: "O que é uma pessoa feliz?". De início, ele pensou: "Essa *[resposta]* é fácil". Depois de refletir um pouco, porém, Rubem revelou ter descoberto que a pergunta era provavelmente a mais difícil que poderia ser feita, mas mesmo assim ele se arriscou, deixando claro que não é aquilo que muitos imaginam.

> Posso responder à pergunta de maneira geral e abstrata: uma pessoa é feliz quando faz o que lhe dá prazer e quando vive uma relação de amor-amizade com alguém. Essa definição, verdadeira, nunca se realiza. A gente não está nunca fazendo só o que gosta. A vida nos obriga a fazer muitas coisas desagradáveis, a engolir sapos. Eu mesmo tenho, em meu estômago, vários sapos vivos, não digeridos, que continuam a mexer e a coaxar[1].

A construção da felicidade é, antes de qualquer coisa, complexa, cheia de detalhes, armadilhas, aventuras, desventuras, buscas e descobertas. A boa notícia é que há alguns anos a neurociência tem se preocupado em entender os alicerces dessa construção. Diversos estudos sobre a felicidade têm sido desenvolvidos a partir de metodologias científicas, revelando condições que podem ajudar a entender alguns dos fatores responsáveis pela felicidade. Isso mesmo!

O mais longo estudo sobre a felicidade, o Study of Adult Development, começou em 1938, na Universidade Harvard, e por mais de 85 anos, pesquisadores acompanharam a vida de 268 estudantes de Harvard e de 456 rapazes de famílias desfavorecidas, desde a adolescência até a velhice, registrando dados sobre sua saúde, emprego, relacionamentos e muito mais.

Entre os participantes estava Leo. Quando jovem, ele tinha o sonho de ser um grande escritor, mas teve que lutar na Segunda Guerra Mundial. Ao retornar, seu desejo de escrever foi deixado de lado quando precisou cuidar de sua mãe doente. Então Leo se tornou professor de História. Ele adorava seus alunos, colegas e família. Apesar de abandonar seu sonho, descobriu a verdadeira realização nos relacionamentos interpessoais.

Em uma entrevista à WBUR, estação de rádio pública de Boston, o Dr. Robert Waldinger, coordenador atual do Study of Adult Development, revelou que seu antecessor na liderança do

---

1. ALVES, Rubem. *A grande arte de ser feliz.* Rio de Janeiro: Editora Planeta, 2014.

estudo considerava Leo "um tremendo chato". Apesar disso, concordou que ele era, de fato, a pessoa mais feliz entre todos os participantes da pesquisa.

Ainda que por caminhos diferentes, Waldinger e Rubem Alves chegaram a uma conclusão parecida. Segundo Waldinger, os relacionamentos, as conexões sociais, são um dos fatores fundamentais para nosso bem-estar, saúde e felicidade. Conclusão que poeticamente Rubem traduziu da seguinte forma:

> [...] é preciso que a gente ame e seja amado. Amar e ser amado é isso: pensar numa pessoa ausente e sorrir. Ficar feliz sabendo que ela vai voltar. Ter alguém que escute e dê colo, sem dar conselhos. Andar de mãos dadas conversando abobrinhas. Olhar nos olhos da pessoa e sentir que ela está dizendo: "Como é bom que você existe!".

Para ser feliz não existe uma receita de bolo – nem adiantaria, pois não somos os mesmos sempre –, aquilo que gera felicidade varia de pessoa para pessoa e pode ter prazo de validade. A esse propósito, Heráclito de Éfeso, filósofo grego que viveu entre 540 a.C. e 470 a.C., escreveu: "Ninguém pode entrar duas vezes no mesmo rio, pois quando nele se entra novamente, não se encontram as mesmas águas, e o próprio ser já se modificou".

Descobrir e redescobrir suas próprias motivações exige um trabalho árduo de autoconhecimento, afinal, somos seres complexos, moldados pelas experiências e sentimentos que somente nós mesmos podemos desvendar. Ou seja, felicidade é se sentir vivo verdadeiramente.

A grande sacada é que independentemente das motivações pessoais, que têm características essenciais para a felicidade, mas não são suficientes por si sós, a ciência descobriu que há um elemento comum para a felicidade: determinadas decisões diárias que tomamos e executamos.

Diversos pensadores, desde religiosos até cientistas, passando por filósofos, artistas, psicanalistas e psicólogos de diferentes correntes, têm refletido sobre essas decisões. A seguir, apresento algumas dessas perspectivas. Você não precisa necessariamente concordar com elas, mas talvez valha a pena experimentá-las e decidir por si mesmo se podem contribuir para uma vida mais feliz.

Pronto para começar a colocar a felicidade em prática?

Ser feliz
sem motivo é
a mais autêntica
forma de
felicidade.

(Carlos Drummond de Andrade)

Capítulo 1

Um conceito aberto de felicidade

O tema felicidade ocorre com frequência em vários lugares e setores do conhecimento humano, e por ser tão recorrente fica corriqueiro. Mas as análises filosófica e histórica do conceito de felicidade apenas reforçam o seu significado, não só para o homem moderno.

A verdade é que todas as pessoas, em todas as épocas, se esforçaram e esforçam-se para serem felizes, mas é precisamente por isso que a felicidade se tornou um assunto obscuro e particularmente complexo.

Seu significado varia muito de acordo com os períodos históricos estudados. É também evidente que os meios para alcançá-la mudaram muito.

Só precisamos perceber o retrato da felicidade observando a prática de sorrir para fotos e imagens. E, nesse sentido, o sorriso discreto e enigmático da Mona Lisa, de Leonardo Da Vinci, representou um marco revolucionário, em contraste com o sorriso largo visto pelas lentes de hoje.

No entanto perguntas nos ocorrem: o homem de hoje é realmente tão feliz quanto aparece nas propagandas, programas de televisão e mídias sociais? E, finalmente, em que consiste a felicidade?

Essas e outras questões continuam a emergir mesmo depois de 2.500 anos de debate acalorado e reflexão filosófica, que só produziram desacordo pacífico generalizado sobre o assunto.

Nas páginas iniciais de *Histórias*, de Heródoto, a obra mais antiga da história ocidental, está a história do rei Lídio Creso, que num diálogo com o sábio Sólon revelou que sua preocupação central era a felicidade (*eudaimonia*).

Creso afirmou ser feliz porque lhe faltava riqueza (substância). Sólon, por outro lado, argumentou que atribuir o adjetivo "feliz" a alguém só é possível depois de analisar toda a vida da pessoa, ou seja, após a morte.

Um defendia a felicidade medida em momentos e por uma avaliação objetiva, enquanto o outro por uma avaliação geral da vida e julgamentos de valores subjetivos. Um deles apontou que a vida pode ser conquistada pela riqueza e o outro argumentou que os infortúnios da vida são cruciais para fazer alguém feliz.

Desde Heródoto, a felicidade assumiu diferentes identidades, o que contribuiu para se formar um conceito confuso. Assim, à felicidade foram atribuídos diversos significados, como bem-estar, prazer e satisfação, que enriquecem o sujeito que aspira à meta ideal da vida humana. Mas aos poucos a ciência também assumiu o estudo da felicidade e foi rejeitada pelos filósofos que não acreditavam em uma vida feliz. É possível, do ponto de vista da ciência, ser feliz?

Na verdade, a Resolução da ONU de 2011 enfatizou o direito à felicidade como fundamental e que deve nortear o Estado de direito, que tem como um dos principais objetivos a preservação da dignidade humana.

Existem alguns argumentos contra o uso do termo "felicidade" na pesquisa em favor do termo "bem-estar" e do conceito de felicidade. Jeremy Bentham alertou sobre a medida da felicidade no verbo:

> É em vão falar sobre adicionar quantidades de algo que, após esta adição, continuará distinto do que era anteriormente, a felicidade de um homem jamais será a felicidade de outro: o ganho de um homem não é o ganho de outro; você pode igualmente fingir adicionar 20 (vinte) maçãs a 20 (vinte) peras.

Apesar da insistência da ciência quanto a ser possível avaliar objetivamente a felicidade, o filósofo Comte-Sponville e o historiador Darrin M. McMahon chamaram a atenção para a felicidade excessiva, que sugere sintomaticamente que as pessoas modernas não são tão felizes quanto pensam, ou que quanto menos afortunados somos, mais falamos sobre isso.

Em seu livro *Admirável mundo novo*, Aldous Huxley descreveu que o medo de ser infeliz é um peso agonizante. A resposta à pergunta sobre o que é preciso para ser feliz é a base para a existência de muitos livros, programas, comerciais e filmes que explodem o assunto.

A ambiguidade na imprecisão do que constitui a felicidade torna-a uma fonte quase inesgotável de especulação e controvérsia, mas não podemos assumir ou prever que a sociedade atual seja sombria ou pessimista apenas por causa da falta de felicidade.

Mas o que seria a felicidade cientificamente?

Felicidade e dinheiro

Quanto dinheiro é necessário para ser feliz? A riqueza, em bens materiais, é capaz de promover um nível elevado de felicidade? De acordo com John F. Helliwell, autor do Relatório Mundial da Felicidade (World Happiness Report), um estudo abrangente que fornece dados fundamentais para nortear políticas públicas voltadas ao florescimento da sociedade, a felicidade está relacionada à "satisfação geral com a vida e, mais importante, à confiança de que se vive em um lugar onde as pessoas se cuidam". Em outras palavras, ser feliz não depende apenas daquilo que individualmente possuímos, também está relacionado aos contextos social e histórico nos quais estamos inseridos.

Promover o bem-estar social e a felicidade das nações se tornou um objetivo norteador para a Organização das Nações Unidas (ONU). Com esse propósito em mente, a Rede de Soluções para o Desenvolvimento Sustentável da ONU publica anualmente o Relatório Mundial da Felicidade. A iniciativa teve início em 2012, quando a primeira edição do levantamento foi lançada.

Esse documento serviu como alicerce para que, no mesmo ano, a ONU promovesse um debate intitulado "Felicidade e bem-estar: definindo um novo paradigma econômico". Presidido por Jigme Thinley, então primeiro-ministro do Butão, o encontro reuniu autoridades de diversas nações em uma discussão sobre os caminhos para construir sociedades mais plenas e realizadas.

Situado no sul da Ásia, entre as gigantes China e Índia, o Butão abriga uma população de 750 mil habitantes. Os dados de 2018 do Banco Mundial revelam um Produto Interno Bruto (PIB) per capita de pouco mais de US$ 3 mil para o país, um valor bem inferior aos quase US$ 9 mil registrados no Brasil. O PIB per capita, calculado pela divisão da riqueza produzida anualmente por um país pelo total de sua população, é um indicador amplamente utilizado para medir o desenvolvimento econômico. Contudo o Butão desafia a noção de que um PIB mais elevado necessariamente conduz a uma maior prosperidade e maior felicidade de seu povo.

Em 1972, Jigme Singye Wangchuck, rei do Butão, estabeleceu um novo indicador para nortear o progresso da nação: FIB (Felicidade Interna Bruta). O conceito ganhou notoriedade em julho de 2011, quando a Assembleia Geral das Nações Unidas reconheceu a felicidade como "objetivo humano fundamental". Inspirada por essa iniciativa, a ONU reuniu especialistas e intelectuais para recriar e aprimorar o FIB, resultando em um conjunto de pilares fundamentais que o compõem: bem-estar psicológico, saúde, acesso a cultura, educação, preservação ambiental, uso equilibrado de tempo, boa governança, vitalidade comunitária e padrão de vida adequado.

É interessante observar que os resultados apresentados no Relatório Mundial da Felicidade nunca foram proporcionais à renda per capita dos países. Apenas a título ilustrativo, segue abaixo a relação de algumas nações entre a posição no ranking de felicidade do Relatório de Felicidade e sua renda per capita:

PAÍS	RANKING NÍVEL DE FELICIDADE	RENDA PER CAPITA
Finlândia	1º	16º
Dinamarca	2º	9º
Suíça	3º	3º
Estados Unidos	23º	6º
Brasil	44º	78º

Em 2020, ano em que a covid-19 se espalhou pelo mundo, o Relatório Mundial de Felicidade teve como tema "Ambientes para a felicidade", destacando a importância dos meios social e urbano e da natureza. Seis fatores foram usados para mensurar a felicidade:
- Apoio social (ter alguém com quem contar).
- Sensação de liberdade para fazer escolhas importantes na vida.
- Generosidade.
- Percepção da corrupção.
- Expectativa de vida saudável e PIB per capita (em termos de paridade de poder de compra).

O Relatório também levou em consideração os efeitos que a desigualdade de bem-estar tem na felicidade média da população. De acordo com a pesquisa, as pessoas são mais felizes quando vivem em sociedades com menor disparidade na qualidade de vida. A avaliação teve como base renda, saúde e qualidade do ambiente social. Entre os fatores considerados de risco para a diminuição da felicidade estão: problemas de saúde, discriminação (de qualquer espécie), baixa renda, desemprego, separação, divórcio ou viuvez e segurança pública. Em outras palavras, o Relatório demonstra que esses fatores de risco podem influenciar significativamente a felicidade, sobretudo para quem vive em um ambiente social de baixa confiança.

Imagine os seguintes personagens: a) Maria, que tem boa saúde, está empregada, é casada, tem uma renda média, vê-se livre de discriminação e se sente segura nas ruas à noite; b) Pedro, que está com saúde regular ou pior, desempregado, no quinto inferior da distribuição de renda, divorciado e com medo das ruas à noite. O Relatório apontou que na escala de 0 a 10, Maria apresentará satisfação com a vida 3,5 pontos mais altos do que Pedro. Porém a pesquisa ressalta que se ambos vivessem em um ambiente de confiança relativamente alto (em que há a sensação de que se pode confiar em outras pessoas, no governo e na polícia), a lacuna de bem-estar entre eles encolheria em um terço. Isto é, os fatores de risco geram custos menores ao bem-estar e à felicidade quando há um ambiente social positivo e confiável.

Uma das autoridades mundiais nos estudos sobre o conceito de bem-estar subjetivo, o psicólogo americano Ed Diener, professor emérito da Universidade de Illinois, destaca que a maneira como as pessoas analisam a própria vida influencia os resultados que avaliam os níveis de felicidade nas sociedades – ou, como quer a psicanálise, o modo como narramos o que vivemos muda o que vivemos. No livro *Culture and well-being: the collected works of Ed Diener* (Cultura e bem-estar: as obras coletadas de Ed Diener), o autor aponta que nações que acumulam mais riquezas conseguem promover a saúde, a educação, a segurança, o lazer e o desenvolvimento científico.

Por outro lado, segundo Diener, a promoção de serviços e bens extras (ou seja, aqueles que não são considerados básicos) gera pouco impacto no nível de bem-estar subjetivo dos indivíduos pertencentes às nações mais ricas. Quando as necessidades básicas da população são atendidas com sucesso pelos governos, cada pessoa pode se dedicar à conquista de suas aspirações pessoais. Porém, na visão de Diener, é pouco provável que valha a pena sacrificar relacionamentos e grande parte do tempo na busca pela riqueza material.

Finlandeses, líderes da felicidade

No topo do ranking do Relatório Mundial da Felicidade de 2024, pela sétima vez consecutiva, está a Finlândia. Jennifer De Paola, pesquisadora da Universidade de Helsinque, especializada nessa temática, afirmou à Agence France-Presse (AFP) que a proximidade com a natureza e um bom equilíbrio entre o trabalho e a vida privada são elementos-chave para a satisfação dos finlandeses. Ela observou que, em comparação com os Estados Unidos, onde o sucesso frequentemente é associado aos ganhos financeiros, os finlandeses parecem ter uma compreensão mais ampla do que constitui uma vida bem-sucedida.

Entre os ensinamentos que podemos adquirir com a cultura finlandesa está a ideia de *sisu*. Não é possível explicar a palavra em outro idioma, mas como afirmou uma manchete do *New York Times*, a palavra explica a Finlândia. "É incrivelmente complicado e, ainda assim, enganosamente simples: os escritores tentam explicar o que significa *sisu* e, no processo, revelam o funcionamento interno das pessoas e da sociedade finlandesa – o que pode até ser chamado de 'alma do país'", diz Peter Marten.[2]

Em seu livro *Sisu: the finnish art of courage* ("Sisu: a arte finlandesa da coragem", em tradução livre), Joanna Nylund provoca os leitores: "Você tem sisu?". E afirma que "está ao alcance de todos. Está dentro de você". Marten explica que

> [...] etimologicamente, *sisu* vem de uma palavra raiz finlandesa que significa "interior" ou "de dentro de si". Esta é uma das razões pelas quais, às vezes, é traduzida como "coragem" ou "força interior" e seu conceito está relacionado à determinação, resiliência e coragem, sendo a ação consciente mesmo em momentos difíceis.

Sisu tem grande importância na sociedade e no caráter finlandês, sendo considerado um dos segredos do país para a felicidade e superação das adversidades.

A obra explora a aplicação do *sisu* como uma filosofia de vida universal. Ele entra em cena quando se enfrentam desafios como lutar em uma guerra no inverno, no entanto o conceito também pode auxiliar a lidar com obstáculos mais comuns do dia a dia, contribuindo para o bem-estar físico e mental, ajudando na comunicação com parceiros, familiares e colegas. É possível criar filhos com esse valor, usá-lo como base para uma vida ativa e saudável, aproveitá-lo para progredir em direção aos objetivos e até mesmo encontrar a felicidade.

Nylund apresenta dicas sobre como incorporar uma atitude de *sisu* na própria vida: "Principais dicas para recarregar a energia: 1. Desconecte-se verdadeiramente; 2. Abrace o silêncio; 3. Progra-

---

[2]. Autor do artigo *Sisu: a chave finlandesa para uma boa vida, amor e sucesso*. Disponível em: https://finland.fi. Acesso em: 10 jul. 2024.

me um tempo para ficar sozinho". Ou ainda: "Dicas básicas para um retorno à natureza: 1. Pense discretamente; 2. Pense em suas habilidades; 3. Pense em sua preparação". Há, inclusive, receitas que incorporam o *sisu*, incluindo ingredientes das florestas, desde torta de mirtilo a um coquetel de vodca com amora, manjericão e limão.

A poetisa Lavinia Greenlaw, ganhadora do Prix du Premier Roman, arriscou traduzir poeticamente essa ideia:

> Sisu
> Perseverar na esperança do verão.
> Adaptar-se à sua promessa quebrada.
> Amar o inverno.
> Dormir.
> Amar o inverno.
> Adaptar-se à sua promessa quebrada.
> Perseverar na esperança do verão.

Felicidade crônica

Você é feliz? Se sim, do que a sua felicidade é composta? Quais são os ingredientes que lhe dão essa condição? E se você não se sente feliz, o que falta encontrar? As respostas dessas perguntas podem ser as mais variadas e, inclusive, opostas. Se todos procuramos pela mesma felicidade, como ela pode ter formas tão distintas?

Para começarmos a entender esse dilema, é fundamental termos em mente que não há uma fórmula exata que faça com que todos sejam felizes seguindo o mesmo caminho. A felicidade não é imutável. Desde os primórdios da filosofia, conforme demonstrado anteriormente, a felicidade é objeto de estudo e reflexões. Há décadas, pesquisas têm buscado compreender o que nos torna mais felizes.

O cérebro é o responsável pela forma como "lemos" o mundo. A partir de um mesmo fato, nossa mente pode gerar diferentes interpretações – que nos levam a diferentes escolhas. A sensação de bem-estar e alegria também ocorre a partir de uma "leitura" do cérebro. Um estudo realizado por um grupo de pesquisadores de universidades do Reino Unido, dos Estados Unidos e da Suécia apontou que um terço da nossa felicidade ocorre de forma genética.

O estudo investigou como a variação genética influencia o bem-estar subjetivo, utilizando um design de estudo com gêmeos e associações genéticas. Em uma amostra representativa de gêmeos a nível nacional, a pesquisa descobriu que cerca de 33% da variação na satisfação com a vida pode ser explicada por fatores genéticos.

A serotonina é um neurotransmissor liberado por um neurônio e recebido por outro através de uma lacuna chamada sinapse nervosa. O neurônio que libera a serotonina está na parte "pré-sináptica" da sinapse. A comunicação entre neurônios ocorre quando neurotransmissores são liberados e viajam pelas sinapses. O gene 5-HTT é responsável por codificar os transportadores de serotonina, que estão localizados na membrana celular e reabsorvem a serotonina da sinapse. Após seu uso, a maior parte da serotonina é reciclada e os transportadores permitem que os neurônios se reabasteçam. O transportador genético de serotonina foi extensivamente estudado e há um conhecimento considerável sobre como diferentes variantes desse gene afetam sua neurotransmissão. Isso, por sua vez, influencia aspectos da personalidade e da saúde mental.

O resultado da pesquisa destacou que alterações no gene SLC-GA6 influenciam a forma como a serotonina, neurotransmissor associado ao bem-estar, chega ao cérebro (De Nev; Christakis; Fowler; Frey, 2012). Ou seja, quanto mais "eficaz" o gene, melhor ela é transportada para a mente. Em outras palavras, a felicidade também é uma questão biológica, que não está sob nosso controle direto.

Pesquisas têm evidenciado uma conexão real entre experiências traumáticas passadas e seu impacto emocional nas gerações subsequentes. Esse fenômeno, conhecido como trauma intergeracional, surge de uma combinação de fatores, incluindo influências biológicas, padrões de comportamento aprendidos e até experiências coletivas compartilhadas por um grupo.

Estudos destacam como muitos sobreviventes do Holocausto desenvolveram a percepção de que o mundo é um lugar intrinsecamente perigoso, onde o pior pode acontecer a qualquer momento. Essa perspectiva é transmitida intuitivamente aos filhos, que absorvem as emoções e os medos de seus pais, tornando-se, por assim dizer, "detectores de ansiedade". De forma semelhante, mesmo os descendentes de pessoas que foram escravizadas podem herdar essas emoções, experimentando ansiedade e medo análogos em relação ao mundo ao seu redor.

Segundo Ed Tronick, psicólogo da Escola de Medicina da Universidade de Massachusetts, o aspecto fundamental não é tanto o trauma em si, mas a ansiedade e a visão de mundo associadas a ele que são perpetuadas de uma geração para outra. Ou seja, mais do que o evento traumático específico, é a perspectiva emocional resultante que tende a ser transmitida por meio das gerações, moldando a forma como os indivíduos encaram e lidam com as adversidades da vida.

Cientistas da Emory University, em Atlanta, expuseram camundongos machos ao cheiro da flor de cerejeira, associando-o a pequenos choques elétricos. Como resultado, os ratos passaram a estremecer com o odor, mesmo quando expostos a ele sem o choque. O aspecto mais surpreendente surgiu nas futuras gerações dos camundongos expostos ao estímulo. Filhotes que nunca haviam sentido o cheiro da flor de cerejeira ou recebido os choques elétricos demonstraram a mesma reação de medo ao odor, estremecendo ao entrar em contato com ele. Essa resposta de medo foi até mesmo transmitida a alguns de seus próprios descendentes.

A pesquisa mostrou que os camundongos que foram treinados para ter medo do cheiro da flor de cerejeira (camundongos medrosos) apresentaram mudanças epigenéticas em seu material genético. Especificamente, eles produziram espermatozoides com menos marcadores epigenéticos no gene responsável pela produção de receptores que detectam o cheiro dessa flor. Por outro lado, os filhotes desses camundongos medrosos apresentaram maior número de receptores para o cheiro da flor de cerejeira em seus cérebros. Ou seja, eles herdaram uma maior sensibilidade ao cheiro que causava medo em seus pais.

Assim como a genética, boa parte das circunstâncias não é do nosso total controle. Nem sempre podemos escolher as condições que nos cercam. No ciclo da vida, as circunstâncias marcam o início e o fim da nossa jornada. Não decidimos o contexto em que iremos nascer nem podemos prever o momento exato de nossa morte. Eventualidades, imprevistos e fenômenos naturais também acontecem ao longo do nosso caminho, gerando mudanças, sejam elas desconfortáveis ou benéficas.

O foco principal neste livro é o nível de felicidade característico de uma pessoa durante um determinado período de sua vida, que chamo de "Nível de Felicidade Crônica". Defino felicidade dessa maneira porque desejo identificar uma quantidade que é mais duradoura do que a felicidade momentânea ou diária, mas que também é um tanto maleável com o tempo e, portanto, passível de uma busca significativa. De acordo com essa definição, alterar o nível de felicidade crônica de alguém (embora seja possível) é muito mais difícil do que alterar o nível de felicidade em um determinado momento ou dia.

Pesquisas realizadas por Sonja Lyubomirsky, Kenon Sheldon e David Schkade concluíram que podemos definir nosso nível de felicidade crônica com base em uma retrospectiva de humor e satisfação durante um período recente, como os últimos dois, seis ou doze meses. No entanto vale ressaltar que os indivíduos podem variar em seus prazeres, de modo que aqueles com níveis semelhantes de felicidade crônica podem diferir em seus níveis relativos de contentamento com a vida e na frequência relativa com que experimentam estados de humor positivos e negativos.

O estudo de Lyubomirsky, Sheldon e Schkade concentrou-se nos três principais fatores que afetam causalmente o nível de felicidade crônica: o ponto de ajuste, as circunstâncias da vida e a atividade intencional. Historicamente, esses fatores receberam a maior parte da atenção na literatura sobre bem-estar, fornecendo uma base substancial de pesquisa. A distinção entre eles permitiu abordar questões e paradoxos importantes, como: é realmente possível "tornar-se mais feliz" dadas as fortes influências genéticas sobre a felicidade? Por que pesquisas anteriores revelaram associações tão fracas entre variáveis demográficas/circunstanciais e felicidade? Como uma pessoa pode agir apropriadamente para "buscar" a felicidade?

Conforme apontado pelos pesquisadores, as evidências existentes sugerem que o ponto de ajuste, compreendido como o fator genético, é responsável por aproximadamente 50% da variação (Braungart *et al.*, 1992; Lykken; Tellegen, 1996; Tellegen *et al.*, 1988), e as circunstâncias são responsáveis por aproximadamente 10% da nossa felicidade (Argyle, 1999; Diener *et al.*, 1999). Isso aponta que até 40% de variação é decorrente das atividades intencionais, ou seja, as escolhas diárias e constantes, com reflexo no presente e no futuro, apoiando e reforçando o fato de que os esforços volitivos oferecem um caminho promissor para aumentos longitudinais da felicidade. Em outras palavras, acredita-se que alterar as escolhas diárias e consistentes de uma pessoa pode oferecer um potencial de aumento da felicidade maior do que simplesmente mudar as circunstâncias externas.

O fator genético foi considerado invariável, permanecendo estável ao longo do tempo e imune à influência ou ao controle externo. Esse pressuposto é corroborado por estudos que investigaram o bem-estar de gêmeos aos 20 anos e, novamente, aos 30 anos (Lykken; Tellegen, 1996; Tellegen, 1988), estudos em longo prazo (Headey; Wearing, 1989) e pesquisas sobre os efeitos dos eventos da vida no bem-estar (Brickman, 1978). Todos esses estudos indicaram uma considerável estabilidade da felicidade em longo prazo, destacando a influência do fator genético.

Os 10% dos fatores circunstanciais se referem a eventos incidentais, embora relevantes para a felicidade. Tais circunstâncias podem abranger as regiões nacional, geográfica e cultural em que uma pessoa reside, bem como fatores demográficos, como idade, sexo e etnia (Diener, 1999). Além disso, os fatores circunstanciais englobam a história pessoal do indivíduo, incluindo eventos de vida que podem influenciar sua felicidade, como experiências traumáticas, acidentes graves ou momentos de reconhecimento e prestígio. Por fim, incluem variáveis relacionadas ao status de vida, como estado civil, ocupação, segurança no emprego, renda, saúde e filiação religiosa.

Mais uma vez, estudos transversais anteriores estabeleceram uma ligação entre todos os fatores circunstanciais recentemente mencionados e o bem-estar subjetivo (Diener, 1999). Por exemplo, evidências empíricas indicam que pessoas com maior renda tendem a ser relativamente mais felizes (Diener; Sandvik; Seidlitz; Diener, 1993) e que indivíduos de classe média reportam um nível ligeiramente maior de felicidade em comparação com aqueles de classes sociais mais baixas (Warr; Payne, 1982). Além disso, os casados tendem a ser mais felizes do que solteiros, divorciados ou viúvos (Mastekaasa, 1993), mesmo em contextos culturais diversos, como Bielo-Rússia e Espanha (Diener; Gohm; Suh; Oishi, 2000). Estudos também mostraram que pessoas com comprometimento religioso são mais propensas a se considerarem "muito felizes"

(Gallup, 1984) e que, como era de se esperar, indivíduos saudáveis, especialmente os idosos, tendem a relatar um nível ligeiramente maior de felicidade em comparação com aqueles que enfrentam problemas de saúde (Okun, 1984).

No entanto, como sugerido anteriormente, todas as circunstâncias combinadas contribuem apenas com 8% a 15% da variação nos níveis de felicidade (Argyle, 1999; Diener, 1999). Essas associações relativamente baixas foram consideradas surpreendentes e paradoxais dadas as expectativas iniciais dos pesquisadores de que fatores circunstanciais, como renda e saúde física, estariam fortemente correlacionados com a felicidade (Diener, 1999).

Acreditamos que esses efeitos contraintuitivamente pequenos podem ser explicados sobretudo pela adaptação hedônica e pelo fato de que as pessoas se ajustam rapidamente a novas circunstâncias e eventos da vida, em resposta a estímulos constantes ou repetidos. Esse fenômeno parece ocorrer porque temos a capacidade de adaptação em diversos aspectos, como sensoriais (um odor desagradável ou um peso pesado) (Brown, 1953); fisiológicos, como a temperaturas muito quentes ou frias (Dar; Ariely; Frank, 1995); ou hedônicos, como um aumento de salário (Brickman, 1978; Parducci, 1995). Por definição, a constância é uma característica da maioria das mudanças circunstanciais. Em suma, os fatores circunstanciais têm um potencial limitado para produzir mudanças sustentáveis na felicidade crônica, embora possam ter impacto em curto prazo.

Agora vamos explorar o terceiro – e possivelmente – mais promissor meio de influenciar o nível de felicidade: as escolhas diárias e constantes, também conhecidas como atividades intencionais. Essa é uma categoria ampla, que abrange uma variedade de aspectos que permeiam a vida cotidiana das pessoas.

Os seres humanos são naturalmente ativos, envolvendo-se em uma infinidade de comportamentos, projetos e preocupações aos quais dedicam sua energia. Quando falamos de "intencional", referimo-nos a ações ou práticas específicas nas quais as pessoas optam por se envolver (mesmo que a decisão de iniciar a atividade se torne habitual, como discutido posteriormente). Também pressupomos que as atividades intencionais demandam algum esforço. Em outras palavras, a pessoa precisa se esforçar para realizar a atividade, já que ela não ocorre por si só. Nas palavras do poeta Rainer Maria Rilke: "É verdade que, às vezes, até mesmo a felicidade deve servir de pretexto para nos iniciar naquilo que, por sua própria natureza, nos supera".

Rilke quer nos lembrar que, em qualquer momento, os pretextos e nós mesmos podemos ser superados por nosso ser. Ao compreendermos que parte da nossa felicidade depende apenas das nossas escolhas, naturalmente ocorre o aumento de um sentimento denominado pelos psicólogos como "lugar de controle interno". Isto é, passamos a entender que o controle da felicidade está em nossas mãos, sendo as decisões o centro do nosso poder.

Alguém com sentimento de "lugar de controle interno" compreende que é o próprio maestro de sua vida e que a vida é consequência das próprias escolhas. Em sentido contrário, pessoas com sentimento de "lugar de controle externo" são aquelas que atribuem a sua felicidade aos 10% das ligações circunstanciais. Felizmente, também podemos decidir para onde queremos direcionar nosso "lugar de controle".

Embora a felicidade não seja uma receita passada de geração em geração como uma receita de bolo da família, nem algo que se possa obter livremente na internet, podemos conceituar a decisão mental consciente como um dos "ingredientes" para ser feliz. O resultado é a frequente experiência de afeto positivo elevado, alta satisfação com a vida e raras incidências de afeto negativo.

Todos nós temos a capacidade de decidir pela felicidade de forma intencional. Ela pode estar simplesmente em escolher acordar para contemplar o nascer do sol, absorvendo a energia da chegada de um novo dia; pode consistir na decisão de agir de forma responsável consigo mesmo, valorizando a sua saúde física, mental e espiritual; pode estar na descoberta de seus propósitos, buscando a autorrealização de forma consistente; pode estar presente na decisão de optar pelo silêncio, em favor da calma mental; pode residir na escolha de estar ao lado das pessoas que somam à sua vida ou lhe fazem bem; ou, ainda, estar na decisão de se conectar com a sabedoria infinita da natureza.

Enquanto escrevia este capítulo, Maria Isabel, minha fiel companheira da raça Yorkshire, após 10 anos de intensa cumplicidade e troca de energia, adoeceu e faleceu. Fez lembrar Guimarães Rosa, em *Os cimos*, que nos dá muitas razões para acreditar na impossibilidade de uma felicidade plena:

> [...] a gente nunca podia apreciar, direito, mesmo, as coisas bonitas ou boas, que aconteciam. Às vezes, porque sobrevinham depressa e inesperadamente, a gente nem estando arrumado. Ou esperadas, e então não tinham gosto de tão boas, eram só um arremedado grosseiro. Ou porque as outras coisas, as ruins, prosseguiam também, de lado e do outro, não deixando limpo lugar. Ou porque faltavam ainda outras coisas, acontecidas em diferentes ocasiões, mas que careciam de formar junto com aquelas, para o completo. Ou porque, mesmo enquanto estavam acontecendo, a gente sabia que elas já estavam caminhando, para se acabar, roídas pelas horas, desmanchadas...

Estar com Maria Isabel e com Maria Joaquina, uma Spitz, era uma das decisões diárias de maior felicidade crônica, cujo sentido é explicado nas palavras da colunista do *New York Times*, Anne Raver

(1994): "Os cães são o nosso elo com o paraíso. Eles não conhecem a maldade, a inveja ou o descontentamento. Sentar-se com um cão ao pé de uma colina numa linda tarde é voltar ao Éden, onde ficar sem fazer nada não era tédio, era paz".

Assim, o falecimento de Maria Isabel, parafraseando Rubem Alves, fez-me compreender que a felicidade não é uma sonata que, para realizar a sua beleza, tem de ser tocada até o fim. Dei-me conta de que a felicidade é um álbum de "minissonatas", em que se encontra a beleza em cada momento vivido e amado por mais efêmero que seja. E isso é ótimo porque são os momentos de infelicidade que nos fazem valorizar os momentos de felicidade, assim como os momentos de saudade nos fazem valorizar a presença daqueles e daquilo que amamos.

Se por um lado Guimarães Rosa nos mostra as pedras no caminho para uma felicidade plena, em *Grande Sertão: Veredas* ele nos leva a vislumbrar possibilidades de redenção e transformação, mesmo diante das adversidades:

> O correr da vida embrulha tudo, a vida é assim: esquenta e esfria, aperta e daí afrouxa, sossega e depois desinquieta. O que ela quer da gente é coragem. O que Deus quer é ver a gente aprendendo a ser capaz de ficar alegre a mais, no meio da alegria, e ainda mais alegre ainda no meio da tristeza.

A coragem, conforme mencionada pelo escritor mineiro, está baseada na decisão de ser feliz mesmo diante dos desafios diários que nos são impostos. Afinal, toda escolha tem consequências e é preciso estar disposto a assumi-las. A felicidade é uma decisão que exige de nós a presença mental constante e consciente.

Você já tomou a decisão de ser feliz? Está disposto a assumir as consequências?

Em toda parte era o mesmo! Todos os homens buscavam a "liberdade" e a "felicidade" num ponto qualquer do passado, só de medo de ver erguer-se diante deles a visão da responsabilidade própria e da própria trajetória.
(Herman Jesse, Demian)

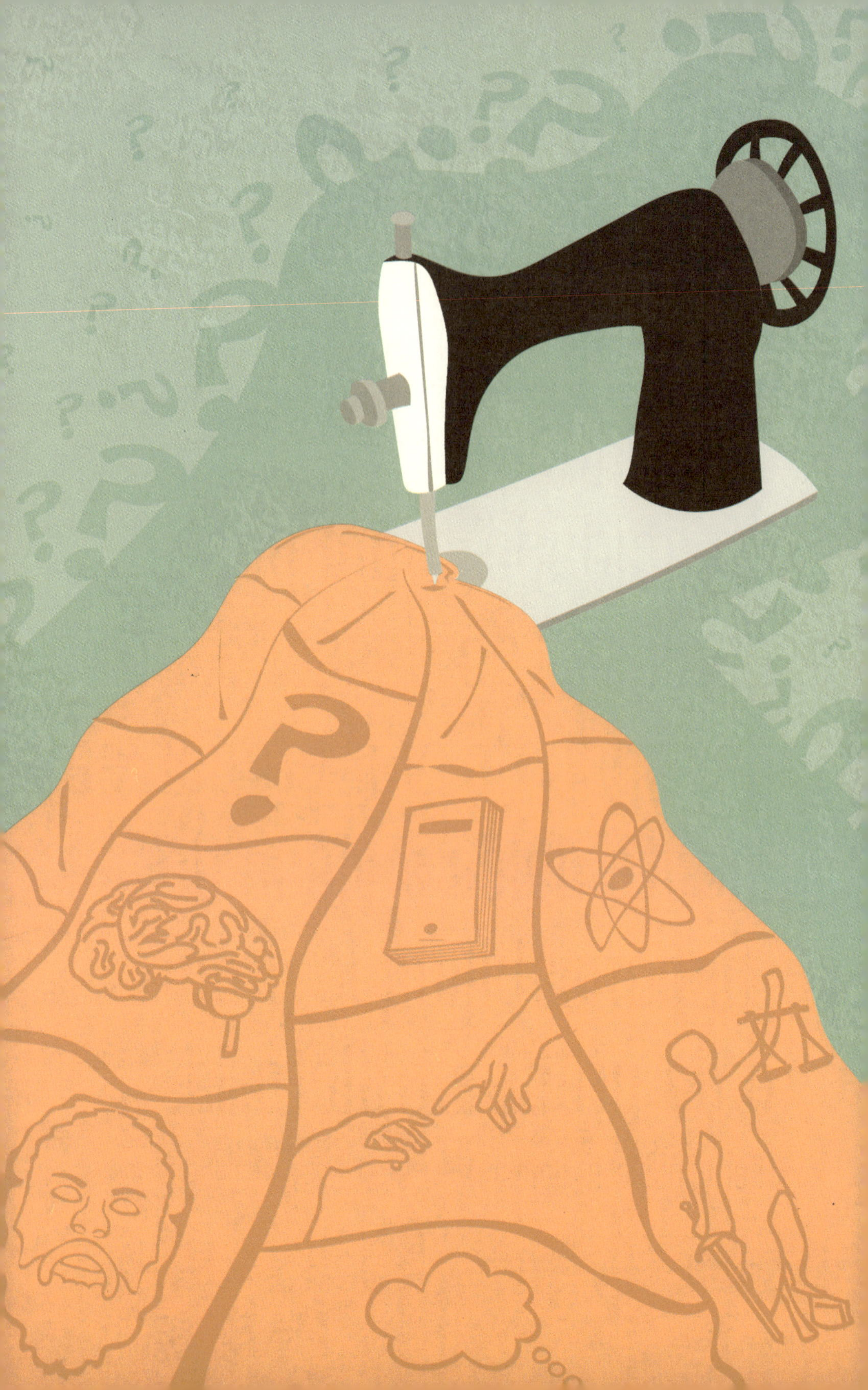

Capítulo 2

Felicidade ou filosofia
A arte de tecer felicidade

Em *A moça tecelã*, Marina Colasanti conta a história de uma moça que passava seus dias tecendo. Se o sol estivesse quente demais, tecia fios cinzentos, então uma chuvinha se anunciava. Se fizesse frio, que espantava os pássaros, ela tecia fios dourados para que o sol voltasse. "Nada lhe faltava". No entanto a moça tecelã se sentia só. Entrelaçou os fios do tapete com a imagem de um homem. Tão logo ganhou vida e soube do poder do tear de sua esposa, passou a lhe pedir muitas coisas. Uma casa melhor e, depois, "para que ter casa se podemos ter palácio?". A moça tecia sem parar, dias e dias, semanas e meses, para satisfazer todos os desejos do homem. Até que ficou muito triste.

> Só esperou anoitecer. Levantou-se enquanto o marido dormia sonhando com novas exigências. E descalça, para não fazer barulho, subiu a longa escada da torre, sentou-se ao tear. [...] Segurou a lançadeira ao contrário, e jogando-a veloz de um lado para o outro, começou a desfazer seu tecido. [...] A noite acabava quando o marido, estranhando a cama dura, acordou e, espantado, olhou em volta. Não teve tempo de se levantar. Ela já desfazia o desenho escuro dos sapatos, e ele viu seus pés desaparecendo, sumindo as pernas. Rápido, o nada subiu-lhe pelo corpo, tomou o peito aprumado, o emplumado chapéu. Então, como se ouvisse a chegada do sol, a moça escolheu uma linha clara. E foi passando-a devagar entre os fios, delicado traço de luz, que a manhã repetiu na linha do horizonte.

Esse conto nos coloca, fio a fio, diante do nosso próprio tear, da nossa caixa de novelos e desejos, dos sonhos que desejamos tecer ou destecer, sempre com um objetivo em mente: a felicidade. Mas o sentimento de que falta algo – algo fora de nós – leva-nos, muitas vezes, a tecer mais falta. Não tem sido assim nossa busca pela felicidade? Um desejo puxa outro, que puxa outro...

Temos o tear nas mãos neste exato momento. Quais fios e paisagens escolheremos? Se a moça tecelã tivesse lido Epicuro, talvez escolhesse não um homem que lhe preenchesse a solidão, mas um que não temesse os vazios. Se ela soubesse, desde o início, que a falta sempre estaria lá, o que teria tecido? No final do conto, ela descobre: horizontes.

André Comte-Sponville, em *A felicidade desesperadamente*, afirma que a filosofia pode nos ajudar nessas escolhas, afinal a meta da filosofia é a felicidade e a sabedoria. Certamente, não a felicidade efêmera, gerada por pílulas, drogas ou ilusões fugazes. Sponville sugere que busquemos a felicidade genuína, aquela obtida por meio de uma relação autêntica com a verdade. E nos provoca: não se pergunte o que te faz feliz; em vez disso, pergunte-se o que lhe parece verdadeiro. E diante dessa verdade, tente alcançar a máxima felicidade possível, por mais triste ou angustiante que ela seja.

Felicidade epicurista

Quantas vezes, ao conquistarmos algo desejado, sentimos uma grande excitação que em pouco tempo desaparece? Ainda que nossas conquistas permaneçam presentes de alguma forma em nossa vida, o prazer que proporcionam é passageiro. Esse fenômeno reflete a natureza transitória das experiências humanas, algo que os budistas tibetanos representam com a prática das mandalas de areia. Assim como a alegria temporária que acompanha uma conquista, as magníficas mandalas de areia são produzidas cuidadosamente durante dias, às vezes semanas, apenas para serem desfeitas logo após sua conclusão, como se elas nos dissessem baixinho: lembre-se, tudo é impermanência.

Ao confundirmos excitação com felicidade, a frustração fica cada vez mais evidente, pois passamos a buscar continuamente algo externo que nos proporcione a excitação da conquista. Para muitas pessoas infelizes, buscar a satisfação por meio do consumismo, como ir ao shopping, é como tomar um analgésico para dor: proporciona um alívio momentâneo, mas não promove, necessariamente, mudanças duradouras. É o que alerta Philippe van den Bosch (1998, p. 29) em *A filosofia e a felicidade*:

> Assim, para ser feliz, há que ter desejos e, sobretudo, ter o poder de saciá-los. Com efeito, um desejo insaciado faz sofrer, ao passo que desejos realizados dão satisfações cujo acúmulo constitui a felicidade. Por conseguinte, o desejo é uma coisa boa: pois, quanto mais desejos tenho, mais sou capaz de satisfazê-los, e mais feliz sou. Este é mesmo ideal – ou ideologia – de nossa sociedade de consumo, que, a pretexto de proporcionar o bem-estar, não para de inventar novos objetos, portanto novos desejos, e possui mesmo uma técnica especial para despertá-los: a publicidade.

Aproveito para fazer uma advertência: assim como certos remédios podem levar à dependência, o consumismo patológico provoca o mesmo, a ponto de a pessoa não conseguir parar de comprar. Para isso, ela deve trabalhar e se estressar mais, em vez de proporcionar a si mesma um estilo de vida com mais qualidade.

Mesmo que conquistássemos todos os bens materiais que desejamos, sem tranquilidade na alma a felicidade duradoura não nos preencheria. Por outro lado, quando estamos imersos no sofrimento, seja físico, seja emocional, dificilmente conseguimos alcançar a serenidade.

Para Epicuro de Samos, filósofo grego que viveu entre 341 e 270 a.C. e fundou a escola filosófica conhecida como Epicurismo, a verdadeira felicidade estava associada à tranquilidade da alma e à ausência de dor. Por "tranquilidade", Epicuro se referia a um estado de contentamento e paz interior conquistado por meio da ataraxia, uma espécie de satisfação com as necessidades básicas e ausência de perturbação ou inquietação na mente, o objetivo final da vida feliz que se alcança por moderação, amizade e ausência de ansiedade e temor. O filósofo enfatizava a importância de evitar dores físicas e emocionais, cultivando uma vida simples e desfrutando das pequenas alegrias da existência. Ele entendia que o prazer da felicidade somente poderia ser duradouro se estivesse relacionado ao nosso bem-estar mais completo e constante.

Se a felicidade não está no que vem de fora devemos limitar nossos desejos, pois a busca incessável por alcançá-los pode roubar a tranquilidade. Dessa forma, na visão epicurista, não se deve buscar acumular grandes riquezas, luxos e bens supérfluos, mas somente o básico para saciar as necessidades naturais (comer, beber e dormir) com satisfação. "Queres ser rico? Pois não te preocupes em aumentar os teus bens, mas, sim, em diminuir a tua cobiça", aconselhava Epicuro.

Na *Carta a Meneceu* (também chamada de *Carta sobre a felicidade*), Epicuro destaca práticas que ele entende como essenciais para sermos felizes:

- **Desenvolvimento da sabedoria:** esse é o combustível essencial para a saúde mental e espiritual. A sabedoria torna mais clara a nossa compreensão do mundo e da nossa própria vida. Uma das formas de ficarmos mais sábios, segundo Epicuro, é estudar filosofia e praticar a reflexão.
- **Aproximação com a espiritualidade:** ao entendermos que podemos respeitar os deuses e as forças divinas sem

temê-los nós nos aproximamos da espiritualidade. Como escreveu São Francisco de Assis: "O que temer? Nada. A quem temer? Ninguém. Por quê? Porque aqueles que se unem a Deus obtêm três grandes privilégios: onipotência sem poder; embriaguez sem vinho; e vida sem morte".

- **Neutralidade com a morte:** a morte é indiferente para Epicuro, pois quando estamos vivos a morte não existe; quando estamos mortos é a vida que não existe:

  > Nada há de temível na vida para quem está verdadeiramente consciente de que nada existe também de terrível em não viver. Estúpido é, pois, aquele que afirma ter medo da morte não porque sofrerá ao morrer, mas por sofrer com a ideia de que ela há de chegar [...] quando somos, a morte não é, e quando a morte é, somos nós que já não existimos (Epicuro, *Carta*, p. 28).

- **Buscar o autoconhecimento:** ao nos conhecermos e nos reconhecermos, temos maior facilidade para alcançar a tranquilidade da alma e o bem-estar do corpo, uma vez que entendemos o que nos é necessário.

- **Ser autossuficiente:** quando nos preocupamos em buscar a riqueza material passamos a depender dos outros para que nossos desejos sejam atendidos. A autossuficiência nos livra da dependência, pois nossa felicidade nasce de nós mesmos.

- **Ter prudência:** é a partir da prudência que se originam todas as virtudes, sendo ela, portanto, o princípio do bem. Para Epicuro, "não existe vida feliz sem prudência, beleza e justiça. No mesmo sentido, não existe prudência, beleza e justiça sem felicidade".

Em outras palavras, virtudes como autodomínio, simplicidade, sabedoria, serenidade, moderação e autonomia são as bases da felicidade para a concepção epicurista. Aqui, podemos citar o conhecimento popular: felicidade vem de dentro, meu filho, não de fora.

Estoicismo

Muitas pessoas são infelizes a vida toda porque sua felicidade está condicionada aos eventos ao seu redor. Se você quiser genuinamente ser feliz, tenha isto em mente: sua felicidade não depende de acontecimentos externos à sua vida. Esta história de Nasrudin[3] pode nos ajudar a compreender melhor o que isso quer dizer: "Certa vez, o enigmático Nasrudin procurava algo sob uma lâmpada na rua. Um vizinho curioso se aproximou e perguntou: 'O que você está procurando, Nasrudin?'. Ele respondeu: 'Minha chave'. O vizinho, solidário, começou a ajudar na busca. Depois de um tempo, sem sucesso, o vizinho perguntou: 'Você tem certeza de que perdeu sua chave aqui?'. Nasrudin disse: 'Não, eu a perdi em casa, mas aqui é onde a luz é melhor'".

Na Antiguidade, o estoicismo foi uma das correntes filosóficas mais influentes do helenismo. Originada na cidade grega de Atenas, cerca do ano 300 a.C., essa escola de pensamento teve como seu fundador Zenão, um estrangeiro nascido em Cítio (atual Lárnaca, na Ilha de Chipre). O nome dessa escola era o local em que Zenão se reunia com seus discípulos.

Sua perspectiva ética baseada na indiferença (ataraxia, em grego) é o aspecto mais conhecido dessa escola de pensamento. Nela, a filosofia é compreendida como um exercício e não simples-

---

3. Personagem folclórico presente em diversas tradições do Oriente Médio e do mundo islâmico, conhecido por suas histórias que combinam sabedoria, humor e lições de vida. Ele é retratado como um tolo sábio ou um mestre enigmático, que desafia convenções sociais e oferece *insights* sobre a natureza humana e a vida.

mente como uma atividade intelectual. Acreditavam esses pensadores que tudo o que existe estava sob a determinação de uma força cósmica harmônica e que a virtude residia em viver de acordo com o seu desígnio.

Os outros bens aos quais o ser humano pode aspirar, como saúde, contentamento e amizade, são secundários e não essencialmente bons. Devem ser evitadas noções tipicamente rejeitadas, como enfermidade e inimizade, de modo semelhante. Evitar que excessos sejam cometidos e que fins supérfluos sejam valorizados é o objetivo da recusa em se deixar levar por sentimentos e desejos. Apenas aquilo que é incondicional pode ser considerado essencialmente bom ou mau.

Para os estoicos, um determinismo implicaria a causalidade dos acontecimentos, diante da qual a única atitude virtuosa seria a aceitação, uma vez que tais causas são externas e não dependem da vontade. Seria compatível a aceitação do destino com a vontade de fazer o bem, uma vez que ela estaria no reino da interioridade. O caminho da felicidade indicado por Zenão seria escolher manter a coerência em vez de buscar atingir um fim externo por meio das ações. Essa seria a escolha certa.

Em geral, as pessoas são apresentadas como vacilantes entre o vício e a virtude, sendo atraídas pelos desejos e sentimentos e necessitando de ajuda para se orientarem pela razão. Em muitos embates, os partidários dessa escola de pensamento se envolveram com outras escolas do mesmo período, como os céticos, os epicureus e os remanescentes da academia de Platão. Recusaram as paixões ou prazeres como fontes de felicidade e em oposição direta ao epicurismo, consideraram que elas eram fontes de agitações que perturbavam a alma. Buscar a felicidade não seria um meio adequado de tentar se adequar aos acontecimentos externos para satisfazer um desejo, por isso a felicidade estaria relacionada à aceitação do desígnio da determinação harmoniosa dos acontecimentos e à decisão pela escolha do que é incondicionalmente bom.

Por isso mesmo, muitos desses pensadores foram descritos como pessoas serenas ou com um espírito firme, pois o resultado dessa decisão não precisaria ser refletido em conquistas exteriores. Trata-se não só de inibir ou reprimir as reações aos acontecimentos, mas de ter autocontrole e optar sempre pelo que é moralmente correto, mesmo diante das circunstâncias – a paz em meio aos infortúnios. Hoje em dia ainda existem filósofos que seguem os princípios estoicos e que continuam a desenvolver o pensamento desses filósofos antigos, como William Irvine, John Sellars e Lawrence Becker.

Em resumo, para os estoicos, a verdadeira felicidade[4] habita em desejar apenas aquilo que depende de nós mesmos, na aceitação serena dos acontecimentos e na busca constante pelas virtudes. Por outro lado, a infelicidade é fruto de nossas preocupações infindáveis com aquilo que não podemos mudar.

Felicidade e psicanálise

Fundada pelo médico neurologista e psiquiatra Sigmund Freud (1856-1939), a psicanálise é o campo de estudo clínico sobre a psique humana. Ela enfatiza a análise do inconsciente a partir de processos mentais, emoções, pensamentos, desejos e impulsos. Para Freud, a razão humana não é totalmente livre e consciente de suas escolhas, sendo a consciência apenas uma fração da psique. Segundo a visão freudiana, a mente humana se divide em três subpersonalidades em conflito: Id (libido), Ego (consciência) e Superego (moral).

---

4. Corrente de pensamento filosófico fundada por Zenão de Cício (335-264 a.C.) e à qual pertencem pensadores como Sêneca, Epicteto e Marco Aurélio.

O Id, localizado no inconsciente, representa os impulsos mais primitivos. Guiado pela busca do prazer, essa instância psíquica é a expressão do desejo, da satisfação e dos impulsos sexuais. Funcionando como uma forma de delimitação do Id, o Ego se localiza no consciente. Orientado pelo princípio da realidade, o Ego age de maneira racional, sempre que necessário limitando a pulsão, ou seja, a energia psíquica gerada pelo Id. O Superego, apesar de se desenvolver a partir do Ego na infância, transita entre o consciente e o inconsciente. Sua "voz" é a autocensura, estabelecida em acordo com a moral e a ética impostas pela sociedade. As imposições sociais internalizadas no Superego fazem com que sua ação ocorra de forma reguladora. Isto é, com medo da punição ou da culpa, o Superego se posiciona contra o Id, a fim de privilegiar a moral estabelecida culturalmente em detrimento do prazer. A teoria de Freud tem encontrado fundamento nas descobertas realizadas pela ciência.

Semelhante ao que o pai da psicanálise formulou sobre o Id, há pouco mais de meio século os pesquisadores James Olds e Peter Milner, da Universidade McGill, no Canadá, conduziram experimentos pioneiros e descobriram um fato surpreendente sobre o funcionamento do cérebro e sua busca incessante por prazer. Em seus estudos, Olds e Milner implantaram eletrodos no cérebro de ratos, que permitiam a aplicação de pequenos choques elétricos em regiões específicas. Os roedores pressionavam alavancas repetidamente, até 2.000 vezes por hora, apenas para receber os estímulos cerebrais (Olds; Milner, 1954; Olds, 1956).

James Olds e Peter Milner haviam encontrado o que parecia ser o centro de motivação no cérebro. Os ratos ficaram tão viciados nessa sensação que negligenciaram todas as outras necessidades básicas, como comer e beber, o que os levou à exaustão e, eventualmente, à morte. Essa descoberta lançou luz sobre os mecanismos cerebrais por trás da motivação e abriu caminho para uma compreensão mais profunda do vício e do comportamento compulsivo, mostrando que quando determinadas áreas do cérebro são estimuladas, o desejo por essa sensação pode se tornar tão intenso que supera até mesmo os instintos mais básicos de sobrevivência.

O ego e o superego de Freud também dialogam com novas descobertas da neurociência. Um estudo realizado na Universidade de Iowa, utilizando ressonância magnética, identificou que o córtex pré-frontal dorsolateral é ativado sempre que exercemos autocontrole, regulando nossos impulsos e comportamentos. Mais recentemente, pesquisas conduzidas por William Hedgcock, neurocientista e especialista em *neuromarketing* da mesma universidade, revelam um dado sobre o processo de autocontrole.

O córtex pré-frontal dorsolateral é uma área do cérebro fundamental para decisões morais e de risco. Ele faz parte do córtex pré-frontal, que é responsável pela tomada de decisões, moderação do comportamento social e coordenação das emoções. Ou seja, é a região cerebral responsável por reconhecer situações que exigem moderação, e ponderar as possíveis respostas, tanto adequadas quanto indesejáveis, mantém uma atividade constante e intensa durante toda a tarefa. No entanto um padrão distinto é observado no córtex pré-frontal dorsolateral, a área encarregada de gerenciar o autocontrole e mediar o conflito entre impulsos e escolhas racionais.

Para Freud, a felicidade somente poderia ser alcançada na realização do princípio do prazer. Em outras palavras, a felicidade corresponderia à ausência total do desprazer (dor ou sofrimento), paralelamente vivenciada ao sentimento intenso de prazer. No entanto o prazer que contribui para a felicidade humana está relacionado com a satisfação rápida de desejos básicos que são guardados no "Id". Por outro lado, a busca pela eliminação do desprazer é definida por Freud como "pulsão de morte". O desejo pelo estado de zero tensão, somente proporcionado pela morte, torna-se incompatível com o prazer. Dessa forma, na concepção freudiana, a felicidade é inalcançável de forma plena.

O que nos resta, então? Segundo Freud, apenas a felicidade momentânea por meio de algumas técnicas para atingir a satisfação e evitar o desprazer. Isso significa: ao ser humano só cabe aceitar ser feliz da forma que é possível, desviando as pulsões. Entre as principais técnicas apresentadas pela psicanálise freudiana está a sublimação, que consiste na transformação da pulsão inicial (socialmente inaceitável) em um comportamento civilizado. Essa conversão, que geralmente só pode ser realizada em longo prazo, não resulta na proteção total contra o sofrimento. Algumas das atividades defendidas por Freud como mecanismo de sublimação são a livre escolha do trabalho, a produção artística, a fruição da beleza (prazer pelo belo em suas variadas formas), a neurose, a vivência da religião e a manifestação do amor, principalmente de forma sexual. Essa última é aquela que mais se aproxima da felicidade completa.

Felicidade e logoterapia

Durante o período da Segunda Guerra Mundial (1939-1945), o psiquiatra austríaco Viktor Emil Frankl foi um sobrevivente do Holocausto, ficando preso em quatro campos de extermínio nazistas, incluindo Auschwitz. Utilizando sua própria experiência como base, Frankl desenvolveu a logoterapia, uma abordagem que tem como foco central a busca pelo sentido da vida. Essa teoria destaca a importância de encontrar significado e propósito mesmo nas circunstâncias mais adversas.

Por anos, Frankl viveu uma das piores tragédias da história, mas, ainda assim, encontrou no sentido de sua própria existência o elemento essencial para superar o sofrimento e manter a esperança na vida. A dimensão espiritual atingida por ele nesse contexto foi primordial para a construção dos principais conceitos de sua teoria: liberdade de vontade, vontade de sentido e sentido da vida.

A liberdade de vontade se expressa como a liberdade humana de decisão, independentemente das influências. Ou seja, de acordo com Frankl, não somos pré-condicionados ao que a vida nos apresenta, mas somos responsáveis pela realização do sentido. Mesmo na presença do sofrimento, inerente à condição humana, temos liberdade para decidir como responderemos à vida, inclusive por meio da ressignificação. Ainda que a liberdade humana seja finita – existem condições que não podem ser definidas apenas a partir de nossa própria vontade –, Frankl entende que é preciso responder duas questões: diante de quem você se sente responsável (de si mesmo, de Deus, de sua família, da sociedade) e pelo que se sente responsável (quais valores orientam você)?

A busca incessante do ser humano por encontrar significado em sua vida é compreendida por Frankl como a "vontade de sentido". É essa vontade que nos orienta na busca pela realização por meio de um propósito claro e definido.

> Não é verdade que o homem, propriamente e originalmente, aspira a ser feliz? Não foi o próprio Kant quem reconheceu tal fato, apenas acrescentando que o homem deve desejar ser digno da felicidade? Diria eu que o homem realmente quer, em derradeira instância, não é a felicidade em si mesma, mas, antes, um motivo para ser feliz (Frankl, 1990, p. 11).

A logoterapia defende que é preciso uma tensão específica capaz de nos mover: a tensão entre o ser humano e o sentido que ele deve realizar. Na visão de Frankl, ao não estarmos expostos a essa tensão podemos recorrer a tensionamentos temporários e artificiais. Quando a vontade de sentido não é clara e, portanto, frustrada, encontramos o que Frankl denominou como vácuo existencial. Esse vazio interior pode gerar a busca por compensações, como a vontade de poder (geralmente financeiro) ou de prazer (que pode ocorrer não somente sexualmente, como também por meio do consumo direcionado a bens materiais ou a entorpecentes).

O sentido da vida proposto pela logoterapia de Frankl é singular, concreto e mutável. Em outras palavras, não existe um sentido universal a ser alcançado; cada pessoa deve definir sua própria missão, que pode variar de acordo com as situações ou momentos de vida. Essa missão, entretanto, não deve ser abstrata, mas um objetivo concreto e realizável. "Pode-se tirar tudo de um homem, exceto uma coisa: a última das liberdades humanas – escolher a própria atitude em qualquer circunstância, escolher o próprio caminho", ele afirmava.

Em um relato marcante, um prisioneiro da Penitenciária Estadual de Segurança Máxima da Flórida escreveu para Frankl, descrevendo: "Aqui, na prisão – a apenas cem metros da cadeira elétrica – sempre há mais possibilidades para nos desenvolvermos para além de nós mesmos. Preciso dizer que, de alguma forma, hoje me sinto mais feliz do que nunca" (Frankl, 1981, p. 54).

Embora seja uma experiência singular, a logoterapia diz que a sociedade pode compartilhar alguns significados em comum, que Frankl chama de valores. Entre eles estão os valores de criação (realização do sentido por meio daquilo que criamos), valores de vivência (realização do sentido por meio das experiências) e valores de atitude (realização do sentido por meio de nossa liberdade de escolha).

Para Frankl, apenas ao atingirmos a realização a partir do sentido teremos a felicidade como efeito colateral. Portanto a felicidade só pode ocorrer de forma espontânea. A busca incessante por ela resultará em um efeito autoanulativo: quanto mais a perseguimos, mais longe ela estará. "A autorrealização, se transformada num fim em si mesmo, contradiz o caráter auto transcendente da existência humana" (Frankl, 1989, p. 38).

Felicidade e psicologia positiva

E se pudéssemos aprender a ser mais felizes? E se soubéssemos como ter uma vida mais plena, repleta de propósito e de significado? E se descobríssemos como aumentar nosso bem-estar e nossa satisfação com a vida nos diferentes domínios da nossa existência? E se tudo isso fosse feito com o direcionamento e o respaldo de pesquisas e estudos científicos, conduzidos por pesquisadores ligados às principais universidades do mundo?

As respostas a essas perguntas nos levam à essência da psicologia positiva: estudar e promover o florescimento humano. Diferentemente da maioria das áreas da psicologia, que se dedica à compreensão das patologias mentais do ser humano, a psicologia positiva é um campo de estudo com foco na promoção e no entendimento do bem-estar e da felicidade. Ou seja, é uma área que busca fundamentar cientificamente fatores que nos tornam mais felizes.

O estudo dos aspectos positivos que impactam o comportamento humano teve sua origem na psicologia humanista, impulsionada principalmente pelos psicólogos Abraham Maslow (também conhecido por desenvolver a teoria da Hierarquia de Necessidades ou Pirâmide de Maslow) e Carl Rogers, psicólogo e psicoterapeuta norte-americano que desempenhou um papel fundamental no desenvolvimento da psicologia humanista. Porém suas produções careceram de dados empíricos para que uma visão mais positiva do ser humano ganhasse escala (Paludo; Koller, 2007).

Desenvolvida a partir da década de 1990 pelo psicólogo americano Martin Seligman e pelo psicólogo húngaro Mihaly Csikszentmihalyi, a psicologia positiva investiga as virtudes, emoções e instituições consideradas positivas (Seligman; Csikszentmihalyi, 2000). Os autores também defendem que a análise das experiências positivas pode inclusive contribuir para a promoção de saúde e prevenção de doenças (Calvetti; Muller, 2007).

> Quando solicitado a resumir, em duas ou três palavras, do que se trata a psicologia positiva, Christopher Peterson, um de seus fundadores, respondeu: – Das outras pessoas. Bem poucas coisas positivas são solitárias. Quando foi a última vez em que você gargalhou escandalosamente? Qual a última vez em que sentiu uma alegria indescritível? E quando foi a última vez em que se sentiu muito orgulhoso de uma realização? Mesmo sem conhecer os detalhes desses pontos altos em sua vida, sei que forma tinham: todos eles aconteceram em torno de outras pessoas. As outras pessoas são o melhor antídoto para os momentos ruins da vida e a fórmula mais confiável para os bons momentos. [...] Meu amigo Stephen Post, professor de Humanidades Médicas em Stony Brook, conta uma história sobre sua mãe. Quando ele era menino e sua mãe percebia que ele estava de mau humor, ela dizia: — Stephen, você parece irritado. Por que você não sai e vai ajudar alguém? Empiricamente, a máxima da mãe de Post foi rigorosamente testada, e nós, cientistas, descobrimos que praticar um ato de bondade produz um aumento momentâneo no bem-estar maior do que qualquer outro exercício que já tenhamos testado (Seligman, 2011, p. 15).

A teoria apresentada por Seligman e Csikszentmihalyi destaca a necessidade de elementos que contribuam para a compreensão do bem-estar, caracterizado pela ausência de depressão e presença de emoções positivas (Seligman, 2011). O conceito de bem-estar definido por essa teoria também se alinha ao que é proposto no Preâmbulo da Constituição da Organização Mundial de Saúde (OMS): "O completo estado de bem-estar físico, mental e social, e não simplesmente a ausência de enfermidade".

Segundo Seligman, a felicidade é subjetiva, enquanto o bem-estar pode ser objetivamente medido. Para tal fim, ele propõe o Modelo PERMA, uma metodologia elaborada para mensurar o bem-estar por meio de cinco pilares:

- *Positive emotion* (emoção positiva): estado no qual se apresentam emoções como otimismo, prazer, entusiasmo, esperança, alegria e conforto.
- *Engagement* (engajamento): capacidade de envolvimento, concentração e satisfação ao realizar atividades, principalmente desafiadoras. Mihaly Csikszentmihalyi define como o estado de *flow* (experiência de fluxo), ou seja, a sensação de realizar o auge de seu potencial.
- *Relationships* (relacionamentos): estabelecimento de relações sociais saudáveis e positivas.
- *Meaning* (significado ou sentido): sensação de pertencer ou servir a algo maior que si mesmo por meio da contribuição com a sociedade.
- *Accomplishment* (realização): conquista de objetivos e realização de planos.

De acordo com a psicologia positiva, o florescimento, ou *flourishing*, corresponde ao mais alto nível de bem-estar, no qual se atinge um estado capaz de nutrir emoções positivas[5] em relação à vida, realizar o seu potencial e atingir objetivos. Quem não está florescendo está definhando. O definhamento (*languishing*) é definido como um estado no qual a pessoa, mesmo sem ter um distúrbio mental, sente-se apática, desanimada e desengajada de sua própria vida. Em outras palavras, pessoas que florescem têm maior qualidade de vida, sendo mais saudáveis, felizes e realizadas.

---

5. Para a neurociência não há emoção positiva nem negativa, mas emoções de valência positiva e de valência negativa. Todas as emoções cumprem seus papéis e, portanto, não podem ser negativas para o indivíduo.

Não o desanimou nem a primeira nem a segunda nem a terceira perda; continuou por diante no semear, e foi com tanta felicidade, que nesta quarta e última parte do trigo se restauraram com vantagem as perdas do demais: nasceu, cresceu, espigou, amadureceu, colheu-se, mediu-se, achou-se que por um grão multiplicara cento: *Et fecit fructum centuplum.*

(Padre António Vieira, *Sermão da sexagésima*)

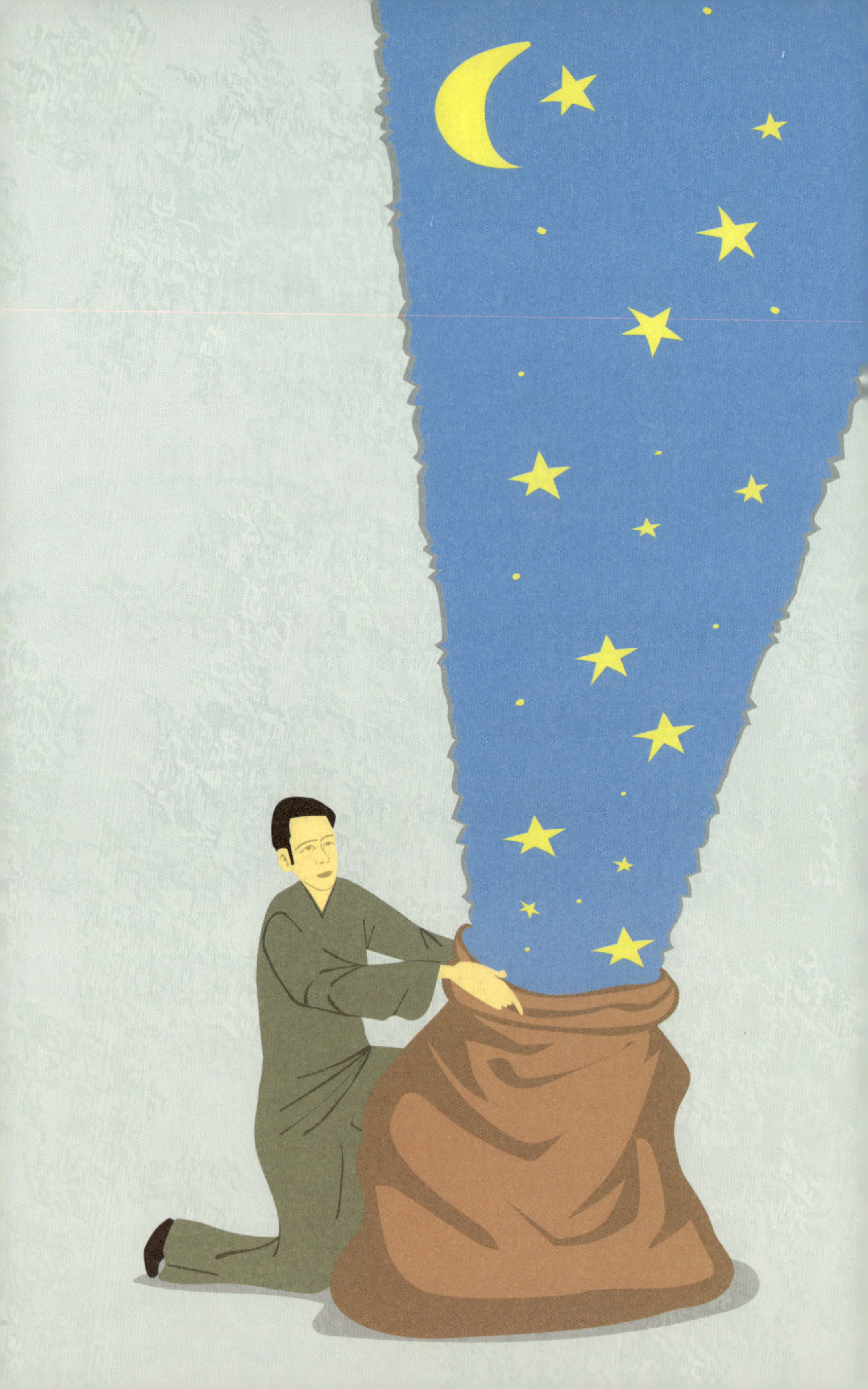

Capítulo 3

Fé e felicidade

Durante milênios temos buscado respostas para questões fundamentais sobre o propósito da vida, o sentido da existência e como alcançar a felicidade. Um caminho para isso tem sido a religião, que aqui se diferencia de *espiritualidade*. Mas até que ponto as práticas religiosas podem influenciar esse propósito?

Recentemente, uma pesquisa conduzida por uma equipe de acadêmicos da Universidade de Harvard procurou entender a relação entre felicidade e religião. Intitulado *Religião, bem-estar e contexto sociocultural: uma análise global*, o estudo fez as seguintes perguntas: os indivíduos religiosos experimentam maior felicidade e satisfação com a vida? E como o contexto social pode influenciar esse fenômeno? Para buscar respostas, os pesquisadores realizaram uma extensa pesquisa em mais de 50 países, envolvendo milhares de participantes de diferentes origens religiosas e culturais.

Entre os diversos grupos religiosos analisados, que incluíam desde cristãos a muçulmanos, budistas e hindus, os protestantes e budistas se destacaram como aqueles que relataram os maiores níveis de felicidade e satisfação com a vida. Por outro lado, os ortodoxos apresentaram índices mais baixos nessas métricas. No entanto um fator importante foi o nível de desenvolvimento do país onde os participantes residiam. Em regiões mais desenvolvidas, como a

Europa Ocidental e a América do Norte, as pessoas tendiam a ser mais felizes, independentemente da religião que professavam.

Em uma investigação paralela, o Pew Research Center explorou como a participação religiosa se correlaciona com indicadores de felicidade em mais de duas dezenas de países. Seus resultados corroboraram os *insights* da equipe de Harvard: indivíduos ativos em congregações religiosas tendem a desfrutar de níveis mais elevados de felicidade e engajamento cívico em comparação àqueles sem filiação religiosa ou membros inativos.

Os pesquisadores sugerem que a prática de virtudes promovidas pela religião, como compaixão, perdão e ajuda ao próximo, pode desempenhar um papel importante na melhoria do bem-estar físico e psicológico. Além disso, a religião pode oferecer conforto e apoio emocional em momentos de estresse e sofrimento, ajudando as pessoas a lidar melhor com os desafios da vida.

Revivalismo religioso

Revivalismo é um movimento que busca reavivar e revitalizar práticas culturais, sociais ou religiosas dentro de uma comunidade específica. No cenário religioso, o revivalismo seria uma tentativa de renovar o fervor espiritual e reforçar os laços de fé e devoção entre os membros de uma determinada religião ou grupo religioso.

Entretanto, por mais que o revivalismo possa inicialmente parecer uma fonte de renovação e inspiração, é importante reconhecer que esse movimento também traz consigo desafios e preocupações, como a intolerância religiosa, que frequentemente promove interpretações literais e inflexíveis das escrituras sagradas, podendo levar a formas de fundamentalismo religioso e à intolerância em relação a outras crenças, à polarização e à divisão dentro das comunidades, à simplificação excessiva das tradições, à manipulação de alguns líderes religiosos etc.

De acordo com artigo do jornal *O Estado de São Paulo*,[6] o Brasil testemunha a abertura de uma média de 17 templos religiosos por dia. Por trás dessa estatística há um tema preocupante: a manipulação religiosa. O fenômeno envolve a utilização da religião para alcançar objetivos políticos ou financeiros, além de explorar a vulnerabilidade social e econômica das pessoas para ganhos pessoais ou controle social. Embora seja desafiador distinguir entre religião genuína e instrumentalização da religião, alerta o jornal, a defesa eficaz da liberdade religiosa só será possível se a sociedade compreender claramente o que não constitui essa liberdade.

O que é felicidade para as religiões

> *Esquecemos que são apenas ideias. Nossa ideia de felicidade pode impedir-nos de ser realmente felizes. Não vemos a oportunidade de alegria que está bem à nossa frente quando somos pegos na crença de que a felicidade deve assumir uma forma específica.*
>
> (Thich Nhat Hanh)

A busca pela felicidade nos une, independentemente de nossas origens ou crenças. No entanto as diversas tradições religiosas ao redor do mundo oferecem, cada uma a sua maneira, perspectivas sobre o que realmente constitui a verdadeira felicidade e a verdadeira realização. Vamos, muito sinteticamente, conhecer o que isso significa para algumas das religiões mais influentes.

---

6. Disponível em: https://estadao.com.br/opiniao/o-dificil-problema-da-manipulacao-religiosa/. Acesso em: 10 jul. 2024.

Espiritismo

De acordo com os princípios espíritas – doutrina religiosa e filosófica que tem como base os ensinamentos contidos nas obras do educador francês Allan Kardec –, a verdadeira felicidade reside na prática do bem e da caridade, na busca pela evolução moral e na construção de relações baseadas no amor e na fraternidade. Isso significa cultivar virtudes como a bondade, a caridade, a compaixão, a solidariedade e a tolerância, tanto em relação a si mesmo quanto em relação aos outros.

Chico Xavier, um dos maiores líderes espíritas do Brasil e do mundo, sintetiza nessa frase a perspectiva do espiritismo sobre o tema: "Quanto à felicidade, cremos que ela nasce na paz da consciência tranquila pelo dever cumprido e cresce, no íntimo de cada pessoa, à medida que a pessoa procura fazer a felicidade dos outros, sem pedir felicidade para si própria". Em entrevista ao programa *Fantástico* (1979), da TV Globo, em resposta à pergunta sobre como ser feliz, ele respondeu:

> Se pudéssemos aconselhar alguém sobre a solução do problema da felicidade, diríamos que o trabalho de nossa vida deve ser constante, que só devemos repousar como pausa de refazimento de nossas próprias forças, que o espírito das férias, do descanso, devia ser considerado com pausa unicamente para restauração de nossas energias, porque trabalhar servindo, trabalhar fazendo o bem, é realmente o caminho real da felicidade.

No livro psicografado[7] *Sinal verde*, Chico transmite um caminho para a felicidade proposto por André Luiz, espírito que teria ditado seus grandes best-sellers:

---

7. Prática de escrever, desenhar ou pintar sob a suposta influência de forças sobrenaturais ou espirituais. Isso pode incluir, por exemplo, a escrita automática, na qual uma pessoa escreve sem estar conscientemente controlando o que está sendo escrito. As palavras viriam de uma fonte externa, como um espírito ou entidade.

> Em matéria de felicidade, convém não esquecer que nos transformamos sempre naquilo que amamos. Quem se aceita como é, doando de si à vida o melhor que tem, caminha mais facilmente para ser feliz como espera ser. A nossa felicidade será naturalmente proporcional em relação à felicidade que fizermos para os outros. A alegria do próximo começa muitas vezes no sorriso que você lhe queira dar. A felicidade pode exibir-se, passear, falar e comunicar-se na vida externa, mas reside com endereço exato na consciência tranquila. Se você aspira a ser feliz e traz ainda consigo determinados complexos de culpa, comece a desejar a própria libertação, abraçando no trabalho em favor dos semelhantes o processo de reparação desse ou daquele dano que você haja causado em prejuízo de alguém. Estude a si mesmo, observando que o autoconhecimento traz humildade, e sem humildade é impossível ser feliz. Amor é a força da vida, e trabalho vinculado ao amor é a usina geradora da felicidade. Se você parar de se lamentar, notará que a felicidade está chamando o seu coração para vida nova. Quando o céu estiver em cinza, a derramar-se em chuva, medite na colheita farta que chegará do campo e na beleza das flores que surgirão no jardim.

Segundo uma pesquisa científica que estabelece um diálogo entre a psicologia espírita de Joanna de Ângelis[8] e a psicologia positiva, a felicidade transcende as circunstâncias externas e é compreendida como um estado interior de paz e harmonia. Reafirmando o que diz Chico Xavier, Ângelis argumenta que esse estado é alcançado pelo cultivo de emoções saudáveis, pensamentos corretos e atitudes nobres, o que implica uma profunda renovação íntima, centrada na prática do amor ao próximo e na busca pelo autoconhecimento espiritual.

Ao analisar a faceta sombria da existência, Joanna de Ângelis refuta a ideia de que a felicidade está ligada à ausência de sofri-

---

8. Nome espiritual atribuído a uma entidade que, de acordo com a crença espírita, teria sido uma freira italiana chamada Amália Domingas Visintainer.

mento ou problemas. Pelo contrário, ela argumenta que é possível experienciar felicidade mesmo diante de situações dolorosas, pois o estado emocional de felicidade transcende as circunstâncias externas. Essa visão se alinha com a proposta da segunda onda da Psicologia Positiva, liderada por Paul T. P. Wong, que busca integrar as experiências positivas e negativas da vida humana, reconhecendo a importância de lidar com os desafios e os estresses cotidianos para o florescimento humano.

Além disso, a abordagem de Joanna de Ângelis sobre a felicidade também dialoga com as ideias de William James, pioneiro da psicologia americana. James destacava a importância dos desafios e dos obstáculos na busca por uma vida significativa. Ele argumentava que enfrentar grandes adversidades pode trazer uma alegria mais intensa do que qualquer prazer superficial, pois demonstra a capacidade humana de superação e confiança em algo maior: "A felicidade não é encontrada em viver uma vida tranquila, mas em enfrentar grandes desafios e superá-los".

Cristianismo

> *A alegria fortalece o coração e nos ajuda a perseverar. Um servo de Deus deve estar sempre de bom humor. Caridade e alegria, ou caridade e humildade, devem ser o nosso lema.*
>
> (São Filipe Néri)

O Cristianismo é uma religião que se baseia nos ensinamentos de Jesus Cristo, reconhecido pelos cristãos como o Filho de Deus. Essa fé surgiu há mais de dois mil anos, a partir da vida e dos ensinamentos de Jesus de Nazaré, que é considerado o Messias, prometido nas escrituras sagradas para salvar a humanidade. Jesus ensinou sobre o amor, o arrependimento e a justiça, convidando as pessoas a seguirem um caminho de fé e bondade. O cristianismo tem várias ramificações, que surgiram ao longo da história devido a diferenças teológicas, políticas e culturais: Igreja Ortodoxa, Protestantismo, Movimento Pentecostal e Neopentecostalismo.

Todas elas veem o encontro com Deus como fundamental para encontrar o verdadeiro significado da vida e, consequentemente, a verdadeira felicidade. A fé cristã coloca o ser humano no centro do mundo, como um ser criado à imagem de Deus. Os cristãos acreditam que aqueles que encontram a sabedoria são considerados felizes, e a sabedoria consiste em conhecer e respeitar a lei de Deus. Jesus Cristo é retratado como alguém que experimentou toda a gama de experiências humanas, incluindo alegria e tristeza. Sua felicidade estava em cumprir a vontade de Seu Pai e Ele ensinou que a verdadeira felicidade vem de servir aos outros e de uma vida centrada em Deus (Zwolinski, 2016).

Santo Agostinho (354-430 d.C.), um dos mais influentes pensadores cristãos da história, afirmava: "Tu nos fizeste para Ti, e nosso coração está inquieto até encontrar repouso em Ti". Para São Tomás de Aquino (1225-1274), teólogo e filósofo dominicano cujo trabalho influenciou profundamente o pensamento cristão e a filosofia escolástica, "a felicidade última do homem consiste no conhecimento do bem supremo, que é Deus".

E se, apesar de belos, esses conceitos parecem sérios demais, há santos cristãos lembrados por sua alegria e felicidade. Um deles é Filipe Néri, chamado carinhosamente de "o santo do riso". Com sua personalidade cativante e senso de humor contagiante, ele reunia amigos e conhecidos, sempre com uma pergunta na ponta da língua: "Ei, amigos, quando começamos a praticar o bem?".

Também Thomas More, conhecido como "o apóstolo do bom humor", mesmo enfrentando desafios e perdas significativas, como a morte de entes queridos e até mesmo sua própria execução, manteve seu espírito inabalável. Em seus momentos finais, ele teria feito uma piada ao próprio carrasco, dizendo: "Me ajude a subir, bom amigo. Quando eu descer, poderei me virar sozinho".[9]

Induísmo

Para compreender a visão do hinduísmo sobre a felicidade é preciso estudar antigas escrituras sagradas, como os *Upanishads* e o *Bhagavad Gita*.

Segundo os *Upanishads*, a felicidade não é encontrada nas experiências sensoriais externas ou na busca incessante por prazeres passageiros. Pelo contrário, a verdadeira felicidade reside dentro de nós mesmos, em um estado de consciência transcendental. Um dos conceitos-chave dos *Upanishads* é a distinção entre prazer e felicidade. Enquanto o prazer é efêmero e dependente das circunstâncias externas, a felicidade é duradoura e independente dessas circunstâncias.

Popularizado no Brasil por Raul Seixas, em sua música *Gita* ("Eu sou a vela que acende/Eu sou a luz que se apaga/Eu sou a beira do abismo/Eu sou o tudo e o nada"), o *Bhagavad Gita* é um texto sagrado do hinduísmo que faz parte do épico indiano *Mahabharata*. O livro oferece um guia prático para alcançar a felicidade interior. No texto, o Senhor Krishna instrui Arjuna sobre o caminho do dever desinteressado, da devoção e da sabedoria.

Essa perspectiva também foi explorada por artistas como Nando Reis e Arnaldo Antunes para compor a música *Mantra*: "Quando não tiver mais nada/Nem chão, nem escada/Escudo ou espada/O seu coração acordará./Quando estiver com tudo/ Lã, cetim, veludo/Espada e escudo/Sua consciência adormecerá".

---

9. Disponível em: https://.aleteia.org/. Acesso em: 10 jul. 2024.

Krishna descreve as qualidades de um verdadeiro buscador espiritual, que é livre de egoísmo, compassivo e equânime diante das dualidades da vida. Essas qualidades são essenciais para alcançar a felicidade duradoura e a paz interior, mesmo em meio às vicissitudes da existência. Assim, a busca pela felicidade no hinduísmo é uma jornada interior rumo à iluminação espiritual e à realização do eu divino que reside dentro de cada um de nós.

Budismo

No Budismo, as noções de felicidade estão profundamente ligadas aos ensinamentos sobre a natureza do sofrimento humano e a busca pela libertação desse sofrimento. Em entrevista à BBC, o monge Khedrupchen Rinpoche, que atualmente lidera o Monastério Sangchen Ogyen Tsuklag, em Trongsa, no Butão (o país ganhou destaque mundial devido ao seu índice de desenvolvimento nacional não convencional, conhecido como Felicidade Interna Bruta), a felicidade é uma preocupação universal. Ele destaca que independentemente de reconhecermos ou não, a busca pela felicidade é o propósito fundamental de todos os seres humanos.

Rinpoche explica que segundo o budismo, há pilares essenciais que podem ser adotados por qualquer pessoa, em qualquer momento de suas vidas e em qualquer lugar – bondade amorosa, compaixão, desapego e carma –, ressaltando que a bondade amorosa é fundamental para gerar felicidade, tanto para o indivíduo quanto para os outros ao seu redor. Para isso, a gentileza consigo mesmo como ponto de partida é o que naturalmente conduz à compaixão pelos demais.

> Que ninguém engane ou despreze outrem, em nenhum lugar, ou devido à raiva ou má vontade deseje que alguém sofra. Tal qual uma mãe, colocando em risco a própria vida, ama e protege o seu filho, o seu único filho, da mesma forma, abraçando todos os seres, cultive um coração sem limites (Karaniya Metta Sutta, *Amor bondade*).

Taoísmo

"A felicidade é a ausência da busca pela felicidade", diz Lao Tzu.[10] O conceito central do taoísmo é o Tao, que pode ser entendido como "o caminho" ou "o curso da vida". Para os sábios taoístas, a verdadeira felicidade reside em se alinhar com o fluxo natural do universo e viver em harmonia com ele. Não é uma busca por prazeres efêmeros e, sim, uma jornada de crescimento espiritual e compreensão interior. Diz um provérbio taoísta: "Aquele que busca a felicidade fora de si é como um cão perseguindo sua própria cauda".

Ao contrário da felicidade condicional, no taoísmo ela é independente de circunstâncias externas. Reside dentro de cada um de nós e é acessível por meio da aceitação do presente momento e da vivência com um coração despreocupado, mesmo diante das adversidades da vida. Uma parte essencial da busca pela felicidade no taoísmo é a aceitação da morte como parte natural da existência.

Islamismo

Para o Islamismo, a felicidade tem um significado que se estende para além das alegrias passageiras deste mundo. No contexto do Alcorão, a felicidade é associada à *sa'adah*, que se refere a uma condição permanente de bem-aventurança, tanto neste mundo quanto no além.

---

10. Também conhecido como Lao-Tsé, é uma figura central na filosofia e na religião chinesas, considerado o autor do *Tao Te Ching*, texto fundamental do taoísmo.

A felicidade nesta vida é vista como uma preparação para a felicidade eterna na vida futura e está enraizada na virtude e na submissão à vontade de Deus. Ela é alcançada por meio da purificação da alma e do cultivo de qualidades como sabedoria, coragem, temperança e justiça. Além disso, a generosidade e a caridade são vistas como meios de se alcançar a felicidade, pois contribuem para o bem-estar da comunidade e para a satisfação espiritual do indivíduo. Al-Ghazālī, influente filósofo, teólogo, jurista e místico muçulmano do século XI, traduz a felicidade como deleite:

> Entenda, a felicidade de tudo – seu prazer, sua serenidade – de fato o prazer de tudo está de acordo com as necessidades de sua natureza. A natureza de tudo está de acordo com para o que foi criado. O olho se deleita em [ver] imagens bonitas e o ouvido se deleita em [ouvir] sons harmoniosos. Cada membro pode ser descrito assim. O deleite distintivo do coração está no conhecimento de Deus, o Altíssimo, porque o coração é criado a partir dele [conhecimento divino] (Al-Ghazali, 1964, p. 139).

Mudar de alma. Como? Descobre-o tu.

(Fernando Pessoa)

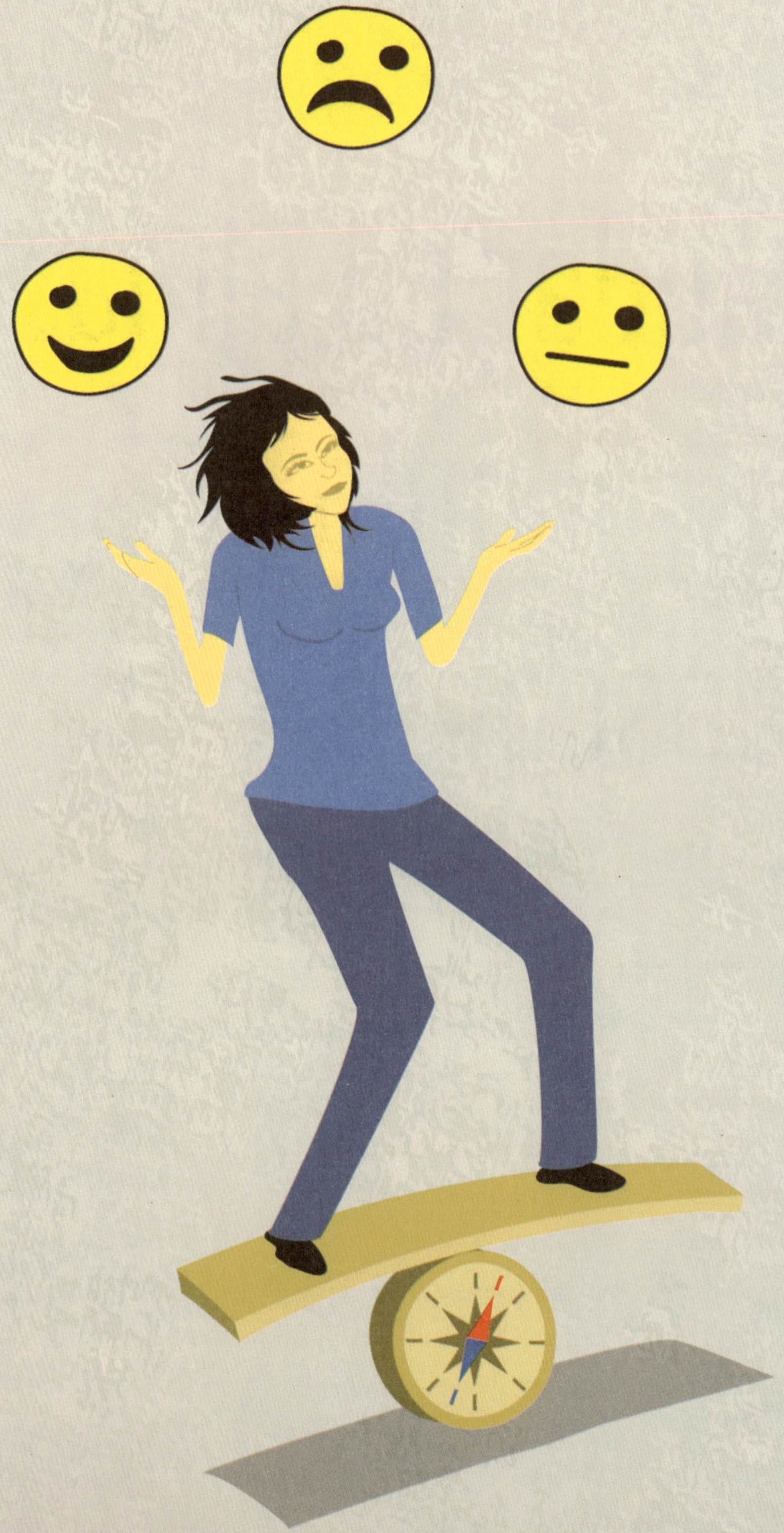

Capítulo 4

A bússola

Um ilustrador, cujo pai não confiava em sua capacidade criativa, foi demitido de seu primeiro emprego no jornal *Kansas City Star*, em Missouri, Estados Unidos. Sua função era criar desenhos para ilustrar matérias e artigos, mas seus superiores alegaram que lhe faltavam imaginação e ideias inovadoras.

Depois da demissão, ele se uniu ao seu irmão Roy e ao amigo Ub Iwerks para fundar a produtora Laugh-O-Gram, especializada na criação de animações baseadas em contos de fadas. Os desenhos feitos pelo trio começaram a ser exibidos nos cinemas da cidade do Kansas antes das sessões de filmes.

No entanto tempos difíceis se seguiram quando o estúdio fechou um acordo com uma distribuidora de Nova Iorque, que pagava migalhas pelas animações, e apenas seis meses depois de recebê-las. Com isso, ele precisou reduzir as despesas, o que incluía a equipe, para garantir a sobrevivência da empresa. O ilustrador não poupou esforços: no fim de 1922, morava no escritório da Laugh-O-Gram, comia comida de cachorro, às vezes retirada do lixo, e tomava banho uma vez por semana em uma estação de trem.

O ponto de virada veio depois de fazer uma animação sobre higiene dental para um dentista da região, obtendo dinheiro suficiente para levar a Laugh-O-Gram para Hollywood. Lá, o estúdio fechou um contrato com Universal Studios, que passou a comprar e a exibir as animações da equipe. Apesar disso, os desafios persistiram para o ilustrador e sua equipe. Em meio às adversidades, ele enviou um telegrama ao seu irmão, assegurando-lhe que já tinha um novo personagem em mente: Mickey Mouse. O sucesso obtido pelo camundongo tirou o ilustrador, Walt Disney, e seus sócios da miséria, e transformou o mundo no ramo de entretenimento infanto-juvenil.

Uma história semelhante à de Walt Disney aconteceu com o filho de um carpinteiro, vendedor de bugigangas. Durante a idade escolar, seu professor, o padre Engle, costumava descrevê-lo como alguém que "tem o bicho no corpo, que é um coça-bichinhos estúpido, que não para de fazer perguntas e que lhe custa a aprender". Além disso, o garoto se recusava a fazer as lições. Depois de três meses de aulas, o menino deixou a classe, nunca mais voltando a frequentar uma escola.

Tornou-se vendedor de jornais, sanduíches, doces e frutas no interior dos trens. Essa pessoa é nada mais, nada menos, que Thomas Edison, inventor de mais de duas mil patentes, algumas revolucionárias, como a lâmpada elétrica, a roda de borracha, o fonógrafo e a distribuição de energia elétrica. Edson também foi o fundador da empresa Edison General Electric (atual General Electric).

O que essas duas personalidades têm em comum? É o que veremos nas próximas páginas.

Desejos e decisões

> *A vida pode ser bela se você a torna bela. Cabe a você.*
> (Eddie Jaku)

Todos nós temos uma bússola invisível. Em um dos hemisférios está gravado "decisão mental positiva"; no outro, "decisão mental negativa". O primeiro tem o poder de atrair e nos ajudar a encontrar a felicidade e o bem-estar; o segundo afasta a felicidade, privando-nos de tudo o que vale a pena ser vivido e experimentado na vida. Aqueles que se deixam dominar pela negatividade acabam conduzindo suas vidas como o Mar Morto, em que é quase impossível encontrar qualquer tipo de vida, seja animal, seja vegetal.

Não me refiro aqui ao otimismo superficial ou místico, como se bastasse acreditar e visualizar um final feliz para que tudo se resolva. A neurociência nos mostra que o verdadeiro otimismo vai muito além dessas noções simplistas de encarar o mundo através de lentes cor-de-rosa. E que, sim, funciona!

O otimismo genuíno é uma complexa rede de respostas cognitivas que influenciam profundamente nossa perspectiva sobre a vida. Nosso pensamento assume um estado dinâmico e resiliente diante dos desafios que enfrentamos. Já podemos reconhecer verdadeiramente as adversidades, sem as negar ou minimizá-las e, principalmente, sem permitir que elas drenem nossa confiança. Além disso, o otimismo genuíno envolve a capacidade de aprender com os fracassos, em vez de permitir que eles nos definam, e a coragem de buscar novas abordagens quando as antigas não surtem mais efeito.

Um estudo conduzido por pesquisadores da Escola de Saúde Pública TH Chan de Harvard traz novas perspectivas sobre o papel do otimismo, por exemplo, na longevidade. Hayami Koga, PhD, estudante da Escola de Pós-Graduação em Artes e Ciências e autor principal do estudo, compartilhou as conclusões com o *The Harvard Gazette*, explicando que embora o otimismo possa ser influenciado por fatores sociais estruturais, como raça e etnia, os benefícios dessa mentalidade são consistentes em diversos grupos:

> Muitos estudos anteriores têm se concentrado nos fatores de risco que aumentam as chances de doenças e morte precoce. Nossas descobertas sugerem que vale a pena explorar os aspectos psicológicos positivos, como o otimismo, como uma estratégia para promover a longevidade e um envelhecimento saudável em diferentes comunidades.

Os pesquisadores já haviam descoberto uma correlação entre otimismo e uma vida longa (mais de 85 anos). No entanto essa análise se concentrava, sobretudo, em populações brancas. Diante disso, Koga e seus colegas decidiram ampliar o escopo do estudo atual, incluindo mulheres de todos os grupos raciais e étnicos e diversas populações que enfrentam taxas de mortalidade mais altas.

Os resultados têm o potencial de mudar a maneira como encaramos as decisões que afetam nossa saúde: embora estejamos propensos a nos concentrar nos fatores de risco negativos, devemos considerar os recursos positivos, como o otimismo, que podem beneficiar nossa saúde, especialmente quando se provou que eles são universais.

Visões sobre o olhar

No premiado documentário *Janela da alma*[11], que mergulha nas experiências de 19 anônimos e famosos com diferentes problemas de visão, somos instigados a observar como nossa "visão" do mundo exerce um impacto muito mais profundo na qualidade de nossas vivências do que imaginamos. Dois momentos especialmente marcantes destacam essa reflexão: as entrevistas com o compositor e multi-instrumentista Hermeto Pascoal e com a cineasta finlandesa Marjut Rimminen, ambos compartilhando suas experiências com o estrabismo.

---

11. Disponível em: https://youtu.be/_I9l7upG0DI?si=-Rkk1JVS6Yv7m1JM. Acesso em: 28 set. 2024.

Hermeto descreve seu estrabismo como uma "verdadeira riqueza" desde a infância, quando brincava de "casamento oculto". As meninas tinham de olhar para o pretendente escolhido sem dizer nada. O músico se diverte ao lembrar que sempre se viu cercado por duas ou três garotas graças ao seu estrabismo, que nunca fixava o olhar em um único ponto. Para ele, essa condição sempre lhe proporcionou uma visão mais ampla do mundo do que a maioria das pessoas.

Por outro lado, a cineasta finlandesa Marjut Rimminen compartilha uma experiência completamente diferente. Ela relembra décadas de profundo impacto emocional ao testemunhar a tristeza expressa nos olhos de sua mãe, que parecia olhar não para ela, mas através dela, como se dissesse: "Oh, minha pobre criança!". Marjut acreditava que nunca era escolhida para os papéis de princesa na escola devido ao seu estrabismo. Entretanto, após se submeter a uma cirurgia corretiva na idade adulta, ficou surpresa ao perceber que ninguém notou a mudança.

Você se identifica mais com Hermeto ou com Marjut? A verdade é que a maioria de nós tende a ver o copo meio vazio. Acredite, não é por masoquismo. Segundo o neuropsicólogo Rick Hanson e o neurologista Richard Mendius, autores do livro *O cérebro de Buda – Neurociência prática para a felicidade*, o motivo para o nosso cérebro aderir mais ao pessimismo e aos problemas do que ao otimismo e às possibilidades se deve aos maus momentos que nossos ancestrais viveram. Perder uma boa oportunidade não era o fim do mundo, pois outras surgiriam. Problema mesmo era não conseguir escapar de um obstáculo, como um predador, já que a consequência poderia ser a morte. Sob a ótica da neurociência, a nossa espécie, na natureza, é considerada relativamente fraca e vulnerável, com comportamentos mais semelhantes aos de uma presa do que aos de um predador. Vivemos frequentemente sob a influência do medo.

Então, para evitar obstáculos, o cérebro aprendeu alguns recursos, que continuamos usando até hoje:
- Mantém uma sensação de alerta constante, buscando possíveis ameaças no ambiente, o que nos torna vigilantes e ansiosos.
- Detecta mensagens negativas mais rapidamente do que as positivas, priorizando o reconhecimento de ameaças.
- Armazena eventos negativos mais cuidadosamente para serem usados como referência no futuro, enquanto experiências positivas tendem a ser menos retidas.
- Leva as pessoas a se esforçarem mais para evitar perdas do que para obter ganhos.

Para os autores, entretanto, mesmo as experiências ruins têm seu lado bom:

> [...] a perda abre o coração, o remorso dá um direcionamento moral, a ansiedade alerta para o perigo e a raiva enfatiza injustiças que devem ser retificadas. Mas será que já não são experiências ruins o suficiente?! A dor emocional que não favorece ninguém é um sofrimento vão. E a dor de hoje resulta em mais dor amanhã. Mesmo um único episódio de depressão profunda pode reconfigurar os circuitos do cérebro, fazendo com que novos episódios sejam mais prováveis (Hanson; Mendius, 2009, p. 58).

A questão é: como transformar um padrão milenar para ter uma "decisão mental positiva"? Muitas pessoas acreditam que a estratégia para evitar uma decisão mental negativa é simplesmente "deixar para lá", negar o sofrimento ou compará-lo com experiências piores de outras pessoas, como se isso pudesse aliviar nossa dor. No entanto essas abordagens geralmente não funcionam.

Quando negamos ou reprimimos nossas próprias emoções e experiências dolorosas, em vez de processá-las de maneira saudável, estamos apenas empurrando esses sentimentos para baixo do tapete. Eles não desaparecem. Em vez disso, tendem a voltar à tona mais tarde, muitas vezes de maneiras inesperadas e potencialmente mais prejudiciais. É como segurar um balão cheio debaixo d'água – ele pode ficar submerso por um tempo, mas eventualmente vai escapar e subir com força. Nas palavras de Guimarães Rosa, "quem muito se evita, se convive".

Hanson e Mendius propõem outro caminho: em vez de suprimir ou evitar as experiências negativas, pois elas são inevitáveis na vida, o segredo está em cultivar e abraçar plenamente os momentos positivos que nos são apresentados. Para isso, eles sugerem alguns passos.

Primeiro, esteja atento e abra seus sentidos aos pequenos prazeres e às pequenas alegrias do dia a dia – um sorriso sincero, o aroma de uma flor, uma conquista pessoal ou profissional. Permita que essas pequenas centelhas positivas ocupem totalmente sua consciência. Depois, absorva essa experiência agradável por alguns instantes. Sinta-a intensamente, permitindo que as emoções e sensações positivas o inundem por completo. Complemente-a evocando memórias ou pensamentos associados que a enriqueçam ainda mais. Por fim, visualize ou sinta essa vivência se enraizando profundamente em seu ser, como se ela penetrasse em cada célula de sua mente e de seu corpo. Relaxe e deixe-a impregnar sua essência.

O objetivo não é simplesmente desfrutar dessas experiências no momento em que elas acontecem. É fazer com que se tornem parte integral e duradoura de seu eu interior, em vez de buscar constantemente satisfação externa. O poeta português Fernando Pessoa tem uma bela forma de mostrar essa ressignificação:

> A única maneira de teres sensações novas é construíres-te uma alma nova. Baldado esforço o teu se queres sentir outras coisas sem sentires de outra maneira, e sentires-te de outra maneira sem mudares de alma. Porque as coisas são como nós as sentimos – há quanto tempo sabes tu isto sem o saberes? – e o único modo de haver coisas novas, de sentir coisas novas é haver novidade no senti-las. Mudar de alma. Como? Descobre-o tu.

"Melhor eu possível"

Você já parou para pensar em qual seria sua melhor versão de si? Qual melhor cenário possível você pode imaginar? Segundo artigo publicado no site da National Library of Medicine,[12] pensar nessa resposta por, ao menos, 15 minutos por dia, quando leva à ação, pode transformar vidas. A descoberta foi feita pela pesquisadora Laura A. King, que criou uma intervenção promissora para ajudar nessa transformação: "Melhor eu possível", em tradução livre (*Best possible self – BPS*).

A técnica é simples. A ideia é criar uma versão melhorada de você mesmo, aquela em que todos os seus sonhos se tornaram realidade. King nos orienta a descrever em detalhes como seria estar nessa melhor versão nós – as conquistas, os sentimentos, a sensação de realização.

Como disse anteriormente, a maioria de nós fica presa pensando nos piores cenários possíveis e nos enchendo de ansiedade. Focar nessa visão positiva de como queremos que a vida seja, segundo a pesquisadora, ajuda a deixar essas preocupações de lado e trazer mais bem-estar mental e físico. King alerta, entretanto, que nosso *BPS* é preciso estar em consonância com nossos verdadeiros valores, pensar no que realmente importa e traz significado para sua vida.

---

12. Disponível em: https://ncbi.nlm.nih.gov. Acesso em: 3 set. 2024.

Mas como essa simples atividade de visualização pode ter um impacto tão profundo? A chave parece estar na maneira como nossa mente responde a essas imagens positivas do futuro. Estudos têm mostrado que quando nos imaginamos em nossos melhores momentos, não apenas experimentamos um aumento no nosso humor, mas também nos sentimos mais motivados e confiantes em alcançar nossos objetivos.

Além de King, outros pesquisadores têm se dedicado a entender melhor os mecanismos por trás da eficácia do *BPS*. Eles notaram que não importa apenas o que escrevemos, mas a forma como essas histórias são contadas; quanto mais ricas em detalhes sensoriais e livres de elementos contraditórios, mais tendem a produzir os maiores benefícios emocionais. Além disso, variações do *BPS*, como focar no passado ou no presente, também mostraram influenciar a natureza das reflexões dos participantes e os resultados obtidos.

No meio do caminho tinha uma pedra

"O universo é estático". "A física quântica é determinista". Surpreendentemente, essas duas afirmações equivocadas foram ditas por ninguém menos que Albert Einstein, o gênio que revolucionou a Física. Einstein incorporou uma "constante cosmológica" em suas equações para evitar a expansão do cosmos, mas em 1929, o astrônomo Edwin Hubble demonstrou que o universo está em constante expansão, levando Einstein a admitir que esse teria sido seu "maior erro".

Outro equívoco foi a resistência de Einstein à aleatoriedade quântica. Ele relutava em aceitar que a natureza operasse com base no acaso e na probabilidade, expressando isso com sua famosa frase "Deus não joga dados" ao se referir ao universo. No entanto, mais uma vez, os fatos provaram que ele estava equivocado sobre as leis da física quântica.

Tanto Einstein quanto Walt Disney e Thomas Edison, para citar alguns, apesar dos tropeços, tomaram a decisão mental positiva em relação aos seus trabalhos. Souberam lucrar com o fracasso para alcançar um objetivo maior, ou seja, seus respectivos propósitos, proporcionando, por consequência, um estado mental de emoções positivas num determinado espaço de tempo. Mas por que a maioria de nós desiste? Foi a pergunta que se fez Hallgeir Sjåstad, professor de Psicologia e Liderança da Escola Norueguesa de Economia, depois de perceber o quanto as pessoas abandonavam seus sonhos diante dos primeiros problemas.

Segundo a pesquisa conduzida por Hallgeir Sjåstad, quando enfrentamos o fracasso, muitas vezes tendemos a desistir prematuramente dos nossos objetivos devido a uma série de fatores psicológicos. Uma das principais razões é o que Sjåstad chama de "efeito da uva verde". Esse fenômeno ocorre quando recebemos *feedback* negativo sobre nosso desempenho e, em resposta, subestimamos a importância do sucesso futuro para nossa felicidade e realização pessoal. Essa atitude de minimizar a relevância do desempenho futuro pode levar à desmotivação e à desvalorização de nossas próprias habilidades.

O escritor Stephen King sabe o que é isso. Por muito pouco não perdemos *Carrie, a estranha*, um dos maiores clássicos do gênero terror. Depois de receber "não" de 30 editoras, que não viram potencial na história da adolescente com poderes destrutivos, King ficou desanimado. Então, sua esposa, Tabitha, insistiu para que ele mandasse o original mais uma vez. Deu certo. A Editora Doubleday viu o brilhantismo por trás daquela trama assustadora. *Carrie* vendeu um milhão de cópias já no primeiro ano de lançamento, em 1974, e revolucionou a ficção de terror.

Voltando à pesquisa, Sjåstad observou que tendemos a proteger nossa autoimagem diante do fracasso, buscando explicar ou negar os sinais externos de falha. Essa autopreservação muitas vezes nos impede de confrontar nossos erros de maneira construtiva e de aprender com eles. Para lidar com essa tendência de desistir de nossos erros, Sjåstad sugere algumas estratégias. Uma delas é praticar a autodistância, ou seja, adotar uma perspectiva em terceira pessoa ao refletir sobre nossos fracassos. Isso pode nos ajudar a enxergar a situação de forma mais objetiva e a analisar as razões por trás do fracasso sem deixar que nossa autoimagem seja ameaçada.

Outra estratégia eficaz, segundo o psicólogo, é oferecer conselhos a outras pessoas que possam estar enfrentando desafios semelhantes. Ao ajudar os outros podemos nos engajar mais profundamente com nossas próprias experiências e lições aprendidas, o que nos motiva a continuar perseguindo nossos objetivos mesmo após enfrentar o fracasso. Muitas vezes, é mais cômodo permanecermos onde estamos do que nos arriscar. Arriscar-se, como a própria palavra descreve, implica riscos. E temos a tendência de buscarmos segurança sempre.

Conforme disse, a felicidade não é uma receita, não se encontra pronta, mas é um estado emocional diferido no tempo que depende, inevitavelmente, de decisões diárias.

Desejo, atitude e decisão

Nesse ponto, é importante fazermos a distinção entre desejo, atitude e decisão. Desejo é aspiração, querer, vontade, expectativa de ter algo. Para a filosofia, o desejo é uma tensão em direção a um fim determinado. Se esse desejo é consciente, torna-se uma atitude mental que acompanha para o fim esperado.

Para os estoicos, o desejo reside em desejar o acontecimento; nas palavras de Epiteto: "Não busque que os eventos ocorram como você deseja, mas deseje que ocorram como acontecem, e sua vida seguirá um curso sereno". Enquanto isso, para os epicuristas, a verdadeira felicidade e até mesmo a riqueza residem em desejar apenas o que já se possui; na poesia de Ricardo Reis: "Quem quer pouco, tem tudo; quem quer nada é livre; quem não tem e não deseja, Homem, é igual aos deuses".

Já a atitude mental é definida como um desejo consciente. Todavia temos que o desejo, ainda que ardente e consciente, tornando-se uma atitude mental por si só, não é o bastante para configurar as decisões diárias. Isso porque o desejo, ainda que ardente, não significa ação. E é aqui que se encontra um dos grandes equívocos dos livros de autoajuda que pregam o pensamento positivo, o desejo ardente. A esse respeito, veremos mais adiante o que a ciência provou a respeito do pensamento positivo sem ação.

O fato é que o desejo e a atitude mental por si sós não são capazes de formar as decisões diárias que temos que tomar para alcançarmos a felicidade. Isso ocorre porque nem o desejo, nem a atitude mental, conduzem, inevitavelmente, à ação. O desejo e a atitude mental, sem a ação, sem as decisões, sem o esforço e o trabalho diários, não conduzem à felicidade. Conforme escrito em Provérbios 12:14, "Do fruto de sua boca o homem se beneficia, e o trabalho de suas mãos será recompensado".

O vocábulo "decisão" tem em seu radical a palavra "cisão", que significa romper. É a fagulha entre a atitude mental e a ação. A decisão está intimamente ligada à prioridade. Por sua vez, a palavra "prioridade", do ponto de vista filosófico e científico, não comporta plural.

Quando você toma uma decisão está rompendo, está renunciando, por uma questão de livre-arbítrio, a alguma coisa em benefício de outra. Por exemplo, em um dia de festividade, você recebe o telefonema de um amigo bem próximo dizendo que a mãe dele faleceu e você decide confortar esse amigo pessoalmente, optando por não participar das festividades. Para o seu cérebro foi dado o seguinte comando: "Estou decidindo ir ao velório ao invés de participar das festividades pelo amor e pela ternura que tenho ao meu amigo". Ou seja, foram estabelecidas a prioridade e a renúncia.

E a vida é composta pelo plexo de microdecisões que tomamos a toda hora. Um exemplo que gostava de compartilhar com os pré-adolescentes quando ministrava o curso de Crisma era a respeito do uso de drogas. Quando você decide usar drogas, os benefícios imediatos trazidos pelo entorpecente são ótimos. Se assim não fosse, você não se drogaria. O ponto fundamental é que ao tomar essa decisão, os efeitos nefastos trazidos pela droga, tanto fisiológica quanto psicologicamente, não justificam aquele prazer momentâneo proporcionado pela decisão de se drogar.

É importante esclarecer que as decisões, sejam elas positivas ou negativas, podem ser conscientes ou inconscientes. Enquanto escrevia este capítulo, a cantora sertaneja Marília Mendonça faleceu. Observando o comportamento das pessoas sobre o falecimento, notei que aquelas com uma decisão mental inconsciente positiva, embora sensibilizadas, analisavam a questão de uma forma mais ampla. Por exemplo, pensavam nos demais ocupantes da aeronave e em suas respectivas famílias; manifestavam a ideia de que outras mães jovens falecem diariamente por acidentes ou até mesmo vítimas das mazelas basilares, como a fome; no plano espiritual, consideravam que Marília Mendonça cumpriu o seu papel, entre outros aspectos. Já as pessoas com uma decisão mental inconsciente negativa não conseguiam enxergar além da tragédia, da morte e do velório da cantora sertaneja, transmitido pelas redes de comunicação.

No que se refere às decisões mentais conscientes, há pessoas que têm consciência de que suas decisões são positivas ou negativas e decidem permanecer assim ou, de forma racional, mudar sua conduta até que essa decisão esteja gravada no inconsciente, se a decisão consciente for diferente da inconsciente. Essa distinção entre consciência e inconsciência é fácil de ser analisada. Digo isso porque a decisão mental consciente quase sempre está vinculada a algo controlável, que consigo processar em meu pensamento. Se sou uma pessoa que inconscientemente decidiu ser negativa, mas desejo mudar, ao ser questionado sobre determinada situação, embora meu inconsciente tenha uma visão negativa, verbalizarei o aspecto positivo daquela situação de forma que, com o tempo, eu consiga reprogramar meu cérebro.

Feita essa distinção necessária, às vezes é paradoxal, porque mesmo quando não se decide algo, a decisão foi não decidir. E a vida, então, seguirá no movimento de se equilibrar entre decisões e consequências. O filósofo dinamarquês Søren Kierkegaard acreditava que todas as decisões envolvem riscos e, ao se arriscar, você poderá perder algo, mas ao não se arriscar poderá perder sua vida por completo.

A decisão mental remete à primeira lei de Isaac Newton, chamada de "Lei da Inércia", segundo a qual as mudanças só ocorrerão se você aplicar uma força – decisão e ação – sobre o que deseja mudar. Isso significa que se não decidir mudar e tomar ações práticas, continuará em uma vida infeliz e medíocre. A propósito, a palavra "medíocre" significa tudo aquilo que está na média, no meio-termo.

Também nos remete à Segunda Lei de Isaac Newton, conhecida como "Lei da Superposição de Forças" ou "Princípio Fundamental da Dinâmica". Segundo essa lei, quanto maior a decisão e as ações no sentido de mudar a predisposição psicológica, os padrões de comportamento e as ações com o objetivo de buscar uma vida feliz, maior será a probabilidade de alcançá-la.

Dito isso, do poema britânico *Invictus*, de Henley – *I am the master of my fate: I am the captain of my soul* ("Eu sou o mestre do meu destino: eu sou o capitão da minha alma", em tradução livre) –, podemos entender que somos os mestres do nosso destino, em primeiro lugar, porque as decisões mentais que tomamos diariamente plantam a felicidade ou a infelicidade no presente e no futuro.

Para o filósofo existencialista Jean-Paul Sartre, o homem é o construtor de sua própria essência e de sua salvação por si mesmo: "O homem está condenado a ser livre". Inclusive, esse é um preceito bíblico histórico, quando Deus concede o livre-arbítrio a Adão e Eva e os dois decidem comer o fruto proibido. Como escreveu o pintor italiano Michelangelo di Lodovico Buonarroti Simoni, mais conhecido simplesmente como Michelangelo ou Miguel Ângelo: "Todo pintor pinta a si mesmo". Rubem Alves também usou essa metáfora para falar sobre como fazemos:

> Um amigo meu, nos Estados Unidos, comprou uma casa velha, de mais de um século, conservada, como muitas que por lá existem. Muitas coisas a serem consertadas. Tudo teria que ser pintado de novo. Antes de pintar com as cores novas ele achou melhor raspar das paredes a cor velha, aparecendo um azul sujo e desbotado. Raspou-o também. Aí apareceu o creme, e depois do creme o branco... Cada morador havia coberto a cor anterior com uma cor nova. E assim ele foi indo, pacientemente, camada após camada. Queria chegar à cor original, que aparecia de todas as camadas de tinta que fossem raspadas. Finalmente o trabalho terminou. E o que encontrou foi surpresa inesperada que o encheu de alegria. Mais bonito que qualquer tinta: maravilhoso pinho-de-riga, com nervuras formando sinuosos arabescos cor castanha contra um fundo marfim.

O psicanalista vê semelhanças em nosso processo, explicando que

> [...] ao nascer somos pinho-de-riga puro. Mas começam as demãos de tinta. Cada um pinta sobre nós a cor de sua preferência. Todos são pintores: pais, avós, professores, padres,

pastores. Até que o nosso corpo desaparece. Claro, não é com tinta e pincel que eles nos pintam. O pincel é a fala. A tinta são as palavras. Falam e as palavras grudam no corpo, entram na carne. Ao final o nosso corpo está coberto de tatuagens da cabeça aos pés. Educados. Quem somos?

Nesse aspecto, este livro tem utilidade àqueles que enxergam no outro o inferno das decisões mentais negativas que toma diariamente e o que atrai com essas decisões. Ainda citando Jean Paul Sartre, "o importante não é o que fazem de nós, mas o que nós mesmos fazemos do que os outros fizeram de nós".

É claro que temos o dever de reforçar que não há fórmulas para quais decisões mentais devemos tomar. A escolha é bastante particular e varia de pessoa para pessoa, de acordo com as sensações e as experiências individuais. Há pessoas que decidem buscar sucesso profissional, outras optam por cuidar de uma criança, enquanto algumas escolhem cultivar uma rosa, não importa. O importante é que você atrai o que é bom e desejável com as decisões mentais que toma, assim como automaticamente repele o indesejável.

Neste ponto cabe uma advertência sobre a 3ª Lei de Isaac Newton, conhecida como "Lei da Ação e Reação". Essa lei estabelece que todas as forças surgem em pares: ao aplicarmos uma força sobre um corpo (ação), recebemos desse corpo uma força igual em magnitude, mas em direção oposta (reação). Em outras palavras, "a toda ação há sempre uma reação oposta e de igual intensidade: as ações mútuas de dois corpos um sobre o outro são sempre iguais e dirigidas em sentidos opostos".

Em termos simples, a terceira lei de Newton prova que a vida é como um jogo de squash, em que a mesma força que você aplica nas decisões que toma é a que retornará para você. Pense nisso!

Sentir, pensar, decidir e agir

Quem é você? Como pensa? Em que acredita? Quais hábitos lhe fazem bem? Como é o seu relacionamento com as pessoas? Quanta confiança tem em si e nos outros? O fato é que seu caráter, suas experiências, suas crenças e seus sentimentos são o que determinarão as decisões que você toma diariamente. Já observou que há pessoas que têm tudo para se sentirem mentalmente felizes e não se sentem? Por outro lado, já notou que há pessoas que enfrentam longos obstáculos diários e mesmo assim são felizes?

Minha prima de segundo grau, Rafaela Guimarães, hoje com 13 anos, nasceu com uma síndrome metabólica raríssima, chamada Acidemia Metilmalônica. Essa patologia, além de impedir a alimentação regular, causa graves sequelas fisiológicas e metabólicas, que vão desde complicações renais até possíveis sequelas neurológicas – cumpre esclarecer que Rafaela não sofreu sequelas neurológicas.

O fato é que ela passou por um longo caminho de desafios. Durante esse período, alimentou-se por meio de um *botom* implantado em seu abdômen, realizou transplante renal, passou diversas vezes pela Unidade de Terapia Intensiva e recebeu inúmeras injeções e medicamentos, enfrentando diariamente obstáculos físicos e emocionais.

Apesar dos limites impostos pela medicina, o aspecto fascinante na história de Rafaela está no fato de que desde os seus primeiros anos de vida, quando começou a ter consciência do mundo ao seu redor, ela tomou inúmeras pequenas decisões que a conduziram à felicidade, mesmo diante dos obstáculos. Por exemplo, mesmo após uma semana internada devido a complicações de saúde, no dia seguinte à alta médica ela decidiu participar de uma festa familiar.

Rafaela é uma menina fascinante e sempre me provoca muitas reflexões de vida. Quando falei para ela que havia mencionado parte da sua trajetória de vida neste livro, ela me disse:

– "Quim", é mesmo!?

Confirmei:

– Sim.

– Que legal! Me manda em PDF que eu vou imprimir e quero ler! Me ajuda a escrever o meu livro? A minha história de vida é muito legal!

Aqui faço um parêntese para dizer que Rafaela, como poucas pessoas que conheci, sabe o quão precioso é viver.

Na sequência, para resumir o diálogo, ela me disse que o título do livro dela seria: *Diário de uma princesa transplantada*.

Podemos entender as decisões tomadas por Rafaela com uma metáfora de uma árvore, que representa a árvore da vida. Nela, os frutos são o resultado das nossas decisões. Quando olhamos para esses frutos, às vezes não gostamos do que vemos. Talvez pensemos que temos uma árvore pouco produtiva ou que os frutos não são tão adocicados como imaginávamos.

O que tendemos a fazer? A maioria de nós despende energia nos frutos e não nas sementes e nas raízes que deram origem a esses frutos. É o que está abaixo da terra que cria o que está na superfície. É do invisível que temos o visível. Ou seja, se quisermos mudar os frutos, precisamos, primeiro, focar nas raízes e adubá-las. É inútil concentrar nossa atenção em frutos maduros, alguns já podres. Não temos como mudar aqueles que já estão pendendo dos galhos, então cabe a nós modificar aqueles que estão prestes a nascer. Para isso precisamos cavar em torno da árvore, acessar suas raízes. E é isso que a jovem Rafaela faz: ela toma as decisões colocando atenção na raiz, não nos frutos.

O que queremos dizer com essa analogia é que o processo de tomada de decisões diárias não deve ser algo desenfreado. Ele deve passar pelas seguintes etapas: sentir; pensar; decidir e agir. Os sábios antigos comparavam o homem com uma carruagem: os cavalos representariam o sentir; o cocheiro, o pensar; a charrete, com sua mecânica, representaria o corpo físico; e o andar dela, o agir.

Se antes de tomarmos qualquer decisão primeiro sentirmos (verbo aqui empregado com o significado de "fazer sentido"), depois nos aquietarmos e pensarmos para decidir e agir, nossas decisões serão ordenadas. Não há ações e decisões pensadas que estejam erradas, ainda que o resultado não seja aquele esperado por você.

Nosso cérebro foi treinado ao longo de muitos anos para expressar em palavras desde os pensamentos mais simples até os mais complexos. No entanto, às vezes, ele é incapaz de conter uma opinião inadequada porque não fomos capazes de sentir e pensar antes de agir. Para o cérebro, o curso natural é planejar uma ação e executá-la imediatamente, ou seja, pensar e expressar o pensamento sem filtros. Por isso é muito comum ficar arrependido logo em seguida, experimentando uma sensação de incontinência verbal, de língua solta, surgindo novos pensamentos do tipo: "Por que não me contive?", ou "Que gafe foi essa de verbalizar o que eu pensava?". Nesse momento não há borracha, assessoria de comunicação ou tecla delete que dê jeito.

A habilidade de se conter verbalmente é construída e treinada

Quando crianças, ao começarmos a dominar a fala, aprendemos a traduzir pensamentos em palavras rapidamente e com muita sinceridade. Não hesitamos em declarar em alto e bom som que "Eu não gosto mais de você", de forma simples e direta. E, assim, o ciclo de rebeldias infantis, como o clássico "Eu não quero tomar banho" e os pedidos instantâneos de desculpas, expressos por um melodioso "Eu te amo, mamãe", só terminam, ou melhor dizendo, continuam de outra forma, na adolescência.

O amadurecimento da parte cerebral responsável por essa ação ocorre no final da adolescência. Então por que, às vezes, como seres humanos adultos, não nos contemos? A resposta para essa pergunta está relacionada a tudo que constitui nosso processo mental: o sentir, o pensar, o decidir e o agir. Nosso sistema cerebral só aprende verdadeiramente fazendo e treinando continuamente. Em um momento oportuno, abordarei o autoconhecimento, mas desde já ressalto que conhecer de verdade a si mesmo, ter uma visão nua de si mesmo, é o primeiro passo nesse processo do acrônimo SPDA (Sentir, Pensar, Decidir e Agir), especialmente nas decisões mentais que você vai tomar.

Parar por alguns segundos, respirar profundamente, inspirando e expirando, com atenção focada nessa ação, concedendo tempo para uma boa irrigação cerebral antes de agir, auxilia a não ter um comportamento reativo. Outras possibilidades, como tentar escrever ou preparar a sua fala previamente e se ater a ela, ou mesmo se calar, são recursos acessíveis. Esse treinamento desenvolve mecanismos automáticos que não estão sob o controle racional consciente. Quando um comportamento é automatizado e produz bons resultados, ele deixa de exigir o esforço consciente para ser executado.

Não posso reprogramar meu cérebro porque ele é assim!

Essa frase é uma mentira deslavada. Segundo um estudo realizado pela Harvard Business Review, o cérebro pode desenvolver qualquer habilidade para obter *expertise* em determinado assunto; ele precisa apenas de 10 mil horas de treino, ou seja, oito horas diárias durante aproximadamente quatro anos. Isso ocorre independentemente de sua aptidão para tal e só é possível por meio da neuroplasticidade.

Também conhecida como plasticidade neuronal, a neuroplasticidade é definida como a capacidade das sinapses (conexões neurais) de modificar sua estrutura e/ou função de acordo com a experiência individual, as experiências vividas, a necessidade de adaptação a novas exigências ambientais ou mesmo as limitações impostas por lesões.

O interesse pelos efeitos da experiência, do treino e do exercício sobre o cérebro remonta ao século XVIII. Experimentos de Bonnet e Malacarne (Bonnet, 1779-1783; conforme citado por Rosenzweig, 1996) indicaram que os cérebros de animais submetidos a treinamento sistemático durante anos apresentavam um cerebelo mais desenvolvido, com maior número de circunvoluções.

Na experiência, conduzida por Rosenzweig e colaboradores (Rosenzweig, Krech, Bennett e Diamond) em 1962, foi constatado que todas as características morfológicas e funcionais das áreas corticais sofreram alterações significativas devido à mera exposição e à interação com ambientes que forneceram uma variedade de estímulos (Rosenzweig, 1996).

Hendrik Van der Loos, neurocientista reconhecido por seu trabalho pioneiro na análise das alterações corticais em resposta à estimulação sensorial em animais, concentrou seus estudos nas vibrissas dos camundongos, estruturas cruciais para a percepção sensorial desses animais, respondendo a estímulos como vibração, contato e pressão.

Com sua mobilidade característica, as vibrissas desempenham um papel fundamental na exploração do ambiente. A pesquisa de Van der Loos revelou projeções específicas desses receptores sensoriais para as regiões corticais, refletindo sua importância funcional. Além disso, ele observou que as características anátomo-funcionais das áreas corticais relacionadas às vibrissas variam conforme a quantidade e a qualidade da estimulação recebida pelos camundongos adultos.

O estudo, conduzido por Welker, Rao, Dorfl, Melzer e Van Der Loos em 1991, é um exemplo notável das pesquisas que investigam as bases neurais da experiência sensorial. Os pesquisadores implantaram pequenas peças metálicas em um número limitado de vibrissas (bigodes sensoriais) de camundongos e estimularam-nas passivamente com pulsos eletromagnéticos por períodos de um, dois ou quatro dias. Posteriormente, os animais passaram por um teste de estimulação ativa, sendo expostos por 45 minutos a um ambiente novo com pedaços de madeira.

A fim de analisar a atividade neuronal cortical nesses animais, os cientistas utilizaram um marcador radioativo, a 2-Deoxi-D-Glicose (2-DG), similar à glicose, que é captada pelas células, mas não metabolizada, acumulando-se nelas. Essa substância foi escolhida para detectar alterações no metabolismo neuronal durante a exploração do ambiente novo.

Os resultados mostraram que os animais submetidos à estimulação passiva das vibrissas apresentaram menor ativação neuronal no córtex somatossensorial e no tronco encefálico em comparação com os animais controle. Ao mesmo tempo, ocorreram alterações na síntese e na liberação do Gaba (ácido gama-aminobutírico), o principal neurotransmissor inibitório no sistema nervoso central, principalmente nas áreas vizinhas às colunas corticais.

Esses achados indicam que a estimulação imposta aos organismos resultou em mudanças nos processos celulares do sistema nervoso central, sugerindo mecanismos que caracterizam a plasticidade neural. Em outras palavras, as diferentes interações dos organismos com uma classe de eventos ambientais foram correlacionadas com alterações no sistema nervoso central.

Segundo os neurocientistas, 40% do nosso comportamento diário está relacionado aos hábitos. A boa notícia é que a mesma ciência menciona que qualquer hábito pode ser reprogramado; para isso é necessário associar uma "recompensa cerebral" ao realizar uma atividade, mesmo que seja difícil ou dolorosa.

Então, se você tem o hábito de ser sedentário e adora glicose ingerida sob a forma de chocolates, doces e essas guloseimas do século XXI, para que você possa mudar o hábito do sedentarismo com a prática de algum exercício físico, você condiciona a ingestão moderada de glicose após a prática desse exercício físico. Com o tempo, a prática de exercício físico tornar-se-á um hábito. Embora, para alguns, a comparação pareça pitoresca, é um processo semelhante ao de adestramento de cães.

> *A repetição nada muda no objeto que se repete, mas muda alguma coisa no espírito que a contempla.*
>
> (Deleuze)

Com a neuroplasticidade em mente, abordarei brevemente como o cérebro funciona no processo de mudança de decisões por meio da repetição. Um neurônio tem um corpo celular que serve como seu centro metabólico. As sinapses são os pontos de contato entre um neurônio e outro. Os dendritos têm a função de receber estímulos e transmiti-los para o corpo celular ou para os axônios, que são as longas fibras que se projetam a partir dos neurônios e transmitem os impulsos nervosos. A maioria deles é envolvida por uma camada protetora chamada bainha de mielina, composta de proteínas e lipídios (gorduras) e que têm uma função muito importante: ela age como um isolante elétrico ao redor do axônio. Isso significa que ela impede que os impulsos nervosos se dispersem durante a transmissão.

Graças a essa proteção, os impulsos nervosos conseguem viajar mais rápido e de forma mais eficiente pelos axônios. Quando você aprende uma nova habilidade ou conhecimento, novas conexões são formadas entre os neurônios no seu cérebro. Essas novas conexões são feitas pelos axônios, que se projetam de um neurônio para outro, formando uma sinapse (junção) entre eles. No início, quando essas conexões são recém-formadas, os axônios responsáveis por elas ainda não têm a bainha de mielina. Isso significa que a transmissão dos impulsos nervosos por essas conexões é mais lenta e menos eficiente. No entanto quanto mais você pratica e reforça esse novo aprendizado, mais a bainha de mielina se forma ao redor desses axônios. Com o tempo, a presença da bainha de mielina permite que os impulsos nervosos viajem muito mais rápido por essas conexões neurais, tornando o processo de pensar ou executar a habilidade aprendida mais fácil e automático.

A maneira como você "mieliniza" e "otimiza" essa comunicação entre neurônios é por meio da repetição, que forma, aumenta e fortalece a bainha de mielina. Pense no aprendizado de algo novo como uma nova conexão neuronal. Imagine que essa área em seu cérebro em que isso ocorre é como uma "floresta intocada" (uma área não explorada), que requer ser atravessada.

A primeira vez que você atravessa um lugar não explorado exige mais esforço e energia, pois é necessário abrir uma nova "trilha". À medida que você passa diversas vezes pelo mesmo caminho, ele se consolida, tornando-se cada vez mais rápido e acessível de atravessar. No cérebro, é a bainha de mielina que torna a comunicação entre os neurônios mais ágil e eficiente.

A capacidade do subconsciente humano ainda é um desafio para todos os ramos que se dedicam a estudá-lo, mas uma coisa é fato: o subconsciente não tem o poder de fazer escolhas, pois apenas reproduz as escolhas feitas pelo consciente. E a repetição é uma das ferramentas mais poderosas no processo de mudança de hábitos e decisões. Tudo o que aprendemos exigiu tempo e prática repetida até adquirirmos a habilidade.

Quando aprendemos uma nova atividade, muitas vezes não a praticamos mais ou, pelo menos, não com tanto empenho como no início, pois nosso subconsciente já armazenou as informações necessárias para que tal prática perpetue-se em nosso ser. A maioria das nossas ações corriqueiras, que foi se programando em nosso subconsciente, transformou-se em hábitos. É assim que os hábitos são criados, por meio de ações repetitivas. Inegavelmente, podemos usar isso a nosso favor, criando ações e repetindo-as até se tornarem um novo hábito.

Isso ocorre por meio da aprendizagem motora, que pode ser entendida como um processo de resolução de problemas motores que leva à aquisição de habilidades. Desde criança, meus olhos brilhavam ao assistir aos esquiadores na televisão, e eu tinha como objetivo aprender a esquiar. Nesse contexto, a aprendizagem motora abrange desde o momento em que eu não sabia nada sobre esqui e comecei a pensar na aquisição dessa habilidade, até o ponto em que me tornei capaz de realizá-la com proficiência, muitas vezes conversando com outras pessoas, apreciando a paisagem ao redor e me arriscando fora da pista.

O processo de aquisição de habilidades motoras exige muita prática. Foram necessárias muitas temporadas de esqui com aulas para que eu pudesse aprender. Nas primeiras tentativas, eu mal conseguia colocar os esquis nos pés, muito menos me equilibrar com eles, mas insisti até conseguir me equilibrar sem grandes dificuldades e descer pistas controlando a velocidade e mantendo o equilíbrio. Em outras palavras, fui adquirindo habilidade motora, ou, dito de outra forma, fui me tornando cada vez mais habilidoso no esqui, embora exista uma questão etária – não conseguirei ter a mesma desenvoltura de um adulto da minha idade que aprendeu a esquiar quando mal sabia andar.

Em seu esforço para explicar o que ocorre internamente no indivíduo ao adquirir uma habilidade, pesquisadores observaram que a aprendizagem motora se desenvolve em fases distintas, cada uma com elementos importantes que devem ser considerados pelo aprendiz.

Na primeira fase da aprendizagem, chamada de fase cognitiva, é essencial que o aprendiz compreenda o que precisa ser feito. Isso envolve entender o objetivo da habilidade, identificar as informações mais relevantes e elaborar um plano de ação para sua execução. Em outras palavras, é fundamental formar uma ideia clara do movimento que se deseja aprender.

Na fase cognitiva, o aprendiz não precisa se preocupar com o resultado do movimento, seja ele preciso ou bem-sucedido. O foco deve estar em compreender plenamente a habilidade que irá aprender. Essa fase da aprendizagem motora é chamada de cognitiva justamente por essa razão. Para aprender a esquiar é essencial entender quais são as informações mais relevantes a que se deve prestar atenção (como o equilíbrio) e os componentes da ação (como o controle da velocidade, o movimento interno dos joelhos, a pressão da canela na bota, a posição dos pés e a pressão dos dedões).

A melhoria do desempenho é o principal objetivo da segunda fase da aprendizagem, denominada associativa. Essa fase está relacionada ao aumento da consistência do desempenho e ao refinamento do movimento. É o momento em que se busca gradativamente reduzir erros e, assim, melhorar o desempenho. Isso envolve a aquisição da capacidade de detectar e corrigir falhas. A duração dessa fase pode variar de minutos a horas, dias, meses ou até anos, dependendo da complexidade da habilidade em questão.

No entanto, independentemente do tempo necessário, há um requisito básico para o sucesso na aprendizagem: ao final de cada tentativa é importante refletir sobre o movimento que foi executado e aproveitar a experiência anterior para progredir. Em termos práticos, o aprendiz deve se fazer duas perguntas após cada tentativa: a) O objetivo foi alcançado? e b) O movimento foi executado conforme o planejado?

Ao responder a essas duas perguntas, o aprendiz está relacionando informações importantes geradas pelo próprio movimento: o objetivo com o resultado e o plano de ação com a execução do movimento. Em outras palavras, para aprender a detectar e corrigir erros, o aprendiz não pode "ligar o piloto automático" e simplesmente repetir o movimento sem reflexão. A cada tentativa é essencial pensar no objetivo, elaborar um plano de ação, executar o movimento, avaliar o resultado e, se necessário, ajustar o movimento na próxima tentativa.

A prática deve ser uma repetição consciente de movimentos. Voltando ao exemplo do esqui, se a prática não for conduzida dessa maneira, o processo de aprendizagem será muito mais demorado e o número de quedas certamente será maior. Quando essa prática consciente é realizada, atinge-se a última fase da aprendizagem, chamada de autônoma. Nela, a execução do movimento se torna independente das demandas da atenção, ou seja, o indivíduo é capaz de realizar o movimento sem precisar pensar nele, podendo até executar outras ações simultaneamente. Por exemplo, esquiar enquanto toma água ou conversa com outra pessoa.

Ações alinhadas com as decisões

Em 1968, o emblemático e caricato 45º presidente dos Estados Unidos, Donald Trump, ingressou na The Trump Organization, empresa de seu pai, na qual liderou a reforma do Commodore Hotel para o Grand Hyatt, em colaboração com a família Pritzker. Entre os grandes projetos em que esteve envolvido destaca-se a

Trump Tower, em Nova Iorque. Mais tarde, expandiu seus interesses para a indústria aérea, adquirindo as rotas da Eastern Shuttle, e para o setor de cassinos em Atlantic City, incluindo a compra do Taj Mahal da família Crosby, que eventualmente faliu. Essa expansão, tanto pessoal quanto nos negócios, levou-o a enfrentar um endividamento significativo. Na década de 1990, muitas notícias sobre ele giravam em torno de seus problemas financeiros, que culminaram em seu divórcio com a primeira esposa, Ivana Trump.

Somente no final dos anos 1990 é que se viu um ressurgimento em sua situação financeira, que começou a se estabilizar novamente apenas em 2001, com a construção do Trump Palace. Um fato interessante na biografia de Trump é que embora tenha enfrentado falências, ele sempre manteve suas atitudes alinhadas com a decisão de se reerguer. Isso significa adequar seu padrão de vida à nova realidade financeira resultante da falência, mas continuar a pensar e a agir como um empreendedor bilionário. Ele continuou a frequentar os mesmos lugares e se relacionar com as mesmas pessoas como fazia antes da falência.

Para evitar dúvidas, não estamos aqui dizendo que em momentos de dificuldade financeira, ao invés de planejamento, meta e contenção de despesas, você deve manter o mesmo padrão de vida. Na biografia de Trump, nosso exemplo, a frequência e os relacionamentos eram uma estratégia de rede de negócios e oportunidades.

Quando você faz uma escolha que acredita ser essencial para sua felicidade é vital que suas ações estejam em harmonia com essa decisão. Por exemplo, se você aspira a se tornar um escritor, é necessário cultivar disciplina para ler e escrever regularmente, nutrir sua criatividade e se manter curioso.

Você já identificou alguma decisão importante para sua felicidade? Se sim, como suas ações estão atualmente alinhadas com essa decisão? E se ainda não identificou, o que você consideraria essencial para alcançar essa felicidade desejada?

Escolha um trabalho que você ame e não terá que trabalhar um único dia em sua vida.

(pensamento atribuído a Confúcio)

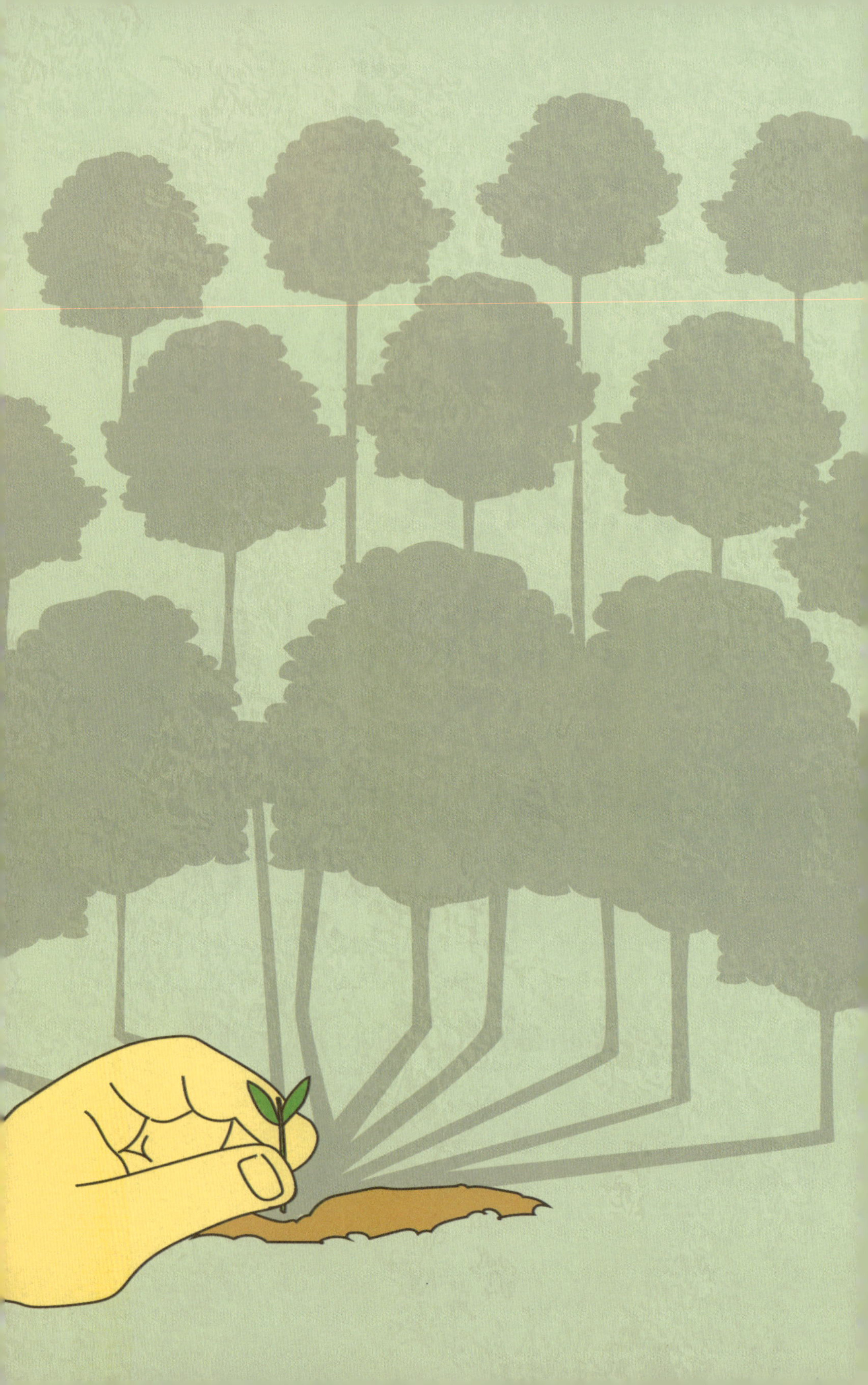

Capítulo 5

"Graças a Deus hoje é sexta-feira!"

O jornalista Chico Pinheiro ficou nacionalmente conhecido por usar esse bordão nas apresentações dos telejornais, às sextas-feiras. A frase, praticamente um desabafo, representa muitos de nós e, por isso mesmo, convida a uma reflexão. A exaltação pode significar o cansaço de uma semana produtiva e que você terá um curto espaço de tempo para oxigenar e descansar seu cérebro, retomando a rotina na segunda-feira, mas tem gratidão pela semana que passou. No entanto, se a exaltação é por não suportar conviver com a sua semana de trabalho, isso é sinal, no mínimo, de que você precisa ajustar o seu propósito, refletir sobre a sua rotina, que não deve ser tornar monótona, robótica.

A palavra "propósito", em latim, carrega o significado de "aquilo que se coloca adiante". O fato é que a busca por compreender o propósito da existência humana não é recente. Filósofos como Platão discutem há séculos questões fundamentais, como: "Por que existimos?".

No programa *Café Filosófico*[13] – *Depressão e sentido*, o psicanalista Contardo Calligaris contou a seguinte piada:

---

13. https://www.youtube.com/watch?v=h8RfoTkxieM O Café Filosófico é um programa de TV que tem como objetivo compartilhar as ideias de grandes pensadoras e pensadores contemporâneos.

> Um comunista radical, de várias gerações de militância, está no leito de morte. Então ele manda chamar o padre e pede para se arrepender, receber a extrema-unção e, portanto, de certa forma, converter-se. Recebe a comunhão e a extrema-unção, e o padre vai embora. Em seguida, entram todos os seus amigos e camaradas do partido, dizendo: "Mas você enlouqueceu? O que é isso? Você decide se render nessa altura?". Então nosso herói dá uma resposta famosa: "Eu não mudei de ideia, imagina! Nem pensar! Eu só pensei que, como vou morrer, é melhor que morra um deles do que um dos nossos. Assim, converti-me para morrer como um católico e não um comunista".

Essa piada nos mostra que, às vezes, encontrar um sentido para nossa existência é mais relevante do que a própria morte. A noção de vida com propósito nos leva a refletir sobre ideias apresentadas pelo filósofo Karl Marx (1818-1883), que abordou a questão da alienação em sociedades dominadas pelo sistema capitalista. Nesse contexto, Marx destacou como o trabalho humano, muitas vezes, produz objetos que, uma vez finalizados, são separados dos interesses e do alcance daqueles que os produziram, transformando-se meramente em mercadorias. Para Marx, a realização das atividades muitas vezes está associada à necessidade de sobrevivência, em que o corpo sustenta a vida e o espírito busca se desenvolver. Em suma, a primeira intenção de todo ser vivo é se manter vivo.

Um exemplo clássico dessa crítica pode ser visto na obra-prima *Tempos modernos*, de 1936, dirigida e estrelada por Charlie Chaplin. Com humor e sátira, Chaplin retrata a vida desumana de um operário na linha de montagem de uma fábrica, reduzido a um mero apêndice das máquinas, realizando tarefas robóticas e desprovidas de significado.

Por meio dessa representação icônica, Chaplin expõe de forma brilhante os conflitos entre a busca por realização individual e as demandas opressivas de um sistema industrial mecanizado e alienante. *Tempos modernos* é um lembrete atemporal dos perigos da desumanização do trabalho e da necessidade de resistirmos à transformação de pessoas em meros dentes de uma engrenagem capitalista impessoal.

O filósofo alemão Friedrich Hegel dizia que tudo aquilo que fazemos sem entender a razão se torna estranho para nós. Ou seja, se somos apenas um veículo sem decidir sobre as nossas ações, sentiremos desconforto e não teremos motivação. Isso porque precisamos nos reconhecer – conhecer a nós mesmos – naquilo que fazemos, objetivando a nossa subjetividade. Só sabemos reconhecer a nós mesmos, ou seja, saber quem somos, vendo-nos de fora de nós, em terceiro plano. E eu me vejo fora de mim quando vejo minha obra acabada. Então me realizo. Sou a objetividade do que faço e não subjetividade do que penso de mim; logo, o que eu faço tem uma necessidade.

Diz o escritor português José Saramago:

> A razão não é inimiga das ilusões, dos sonhos, da esperança, de todas essas coisas que tem a ver com os sentimentos... Porque a razão não é algo frio, não é algo mecânico. A razão é o que é, com tudo o que a gente é de sentimentos, de desejos, de ilusões, disso tudo.[14]

Mas, afinal, o que é o propósito de vida?

> *O acaso não existe. Quando alguém encontra algo de que verdadeiramente necessita, não é o acaso que tal proporciona, mas a própria pessoa; seu próprio desejo e sua própria necessidade a conduzem a isso.*
>
> (Hermann Hesse)

---

14. *Conversaciones con Saramago, reflexiones com Lanzarote.*

Um conceito operacional e teórico de "propósito" foi formulado por Damon, Menon e Bronk, como: "um projeto vital é uma intenção estável e generalizada de alcançar algo que é ao mesmo tempo significativo para o eu e gera consequências no mundo além do eu".[15]

Bronk também propõe uma conceituação segundo a qual o propósito descreve um compromisso duradouro, significativo, em que a pessoa espera realizar ou trabalhar nesse sentido durante sua vida. Percebe-se que na definição de propósito de vida feita pelos autores está presente a questão da estabilidade (não muda constantemente), a generalização (é parte da pessoa como um todo, não apenas um aspecto dela), a importância para a pessoa e o impacto além de si (voltado a outras pessoas ou causas).

Há autores que propuseram outras definições para "propósito", mas que se assemelham à de Damon, Menon e Bronk. Como "propósito", Sonia Isaac Koshy e Jenni Menon Mariano (2011) definem: "Princípio organizador que provê aos jovens uma visão de futuro coerente que conecta de maneiras significativas para a sua vida presente". Esse conceito traz o componente *beyond the self* (além de si), ou seja, a necessidade de o propósito de vida não estar restrito ao indivíduo e gerar consequências além de si. Todavia o presente livro parte da adoção da ideia de propósito levando em consideração o vocábulo latino *perire*, que significa aperitivo, experimentar. Por sua vez, experimentar advém do latim *experire*, que significa "provar de fora". Propósito é experimentar a si mesmo tendo consciência de que não se é descartável.

O propósito é uma espécie de objetivo, mas tem longo alcance e é mais estável do que objetivos simples e comuns (fazer uma viagem ou comprar um carro, por exemplo). Além disso, o propósito

---

15. "Purpose is a stable and generalized intention to accomplish something that is at once meaningful to self and of consequence to the world beyond the self".

de vida implica autoria (uma pessoa não pode realizar o propósito de vida pelo outro). Deve ser definido com uma meta específica e alcançável. Mesmo que essa meta pareça inatingível durante a vida de alguém, como acabar com a pobreza ou criar a paz mundial, ela pode servir como uma fonte de motivação intensa para praticar outras ações, como a caridade.

Em resumo, é necessário que o propósito de vida de uma pessoa seja constituído a partir de si, da sua história de vida e do que ela é capaz de oferecer ao mundo a partir do que vivenciou e foi capaz de construir em termos de competências (habilidades). Também devemos encarar um propósito como o início de um novo propósito, como afirmou Mário Sérgio Cortella em seu livro *Por que fazemos o que fazemos?*: "Uma vida pequena é aquela que nega a vibração da própria existência". Ou até podemos roubar as palavras dramáticas do escritor e filósofo russo Fiódor Dostoiévski: "Temo somente uma coisa: não ser digno do meu tormento".

Um exemplo desse conceito é o desejo de se tornar um médico-cirurgião. Primeiro, é necessário concluir o ensino fundamental, depois o ensino médio, passar no vestibular, cursar a faculdade, fazer residência, obter a titulação e, finalmente, aprimorar as técnicas. O que quero ilustrar com esse exemplo é que os propósitos devem ser encarados como horizontes a serem alcançados e não apenas como degraus a serem subidos. Ou seja, ao serem alcançados, eles nos conduzem a outros, alimentando, assim, o ciclo vital do ser humano na Terra, para que não tenhamos uma vida pequena.

No romance *Fernão Capelo Gaivota*, escrito por Richard Bach, uma personagem questiona: "Como vou saber que completei minha missão?". A resposta é simples: "Se você ainda respira é porque ela não terminou".

Uma vida com propósito é aquela em que temos consciência e compreensão do que fazemos, assim como das razões pelas quais optamos por não fazer determinadas coisas.

É o que vemos na trajetória da autora, palestrante e ativista americana Helen Keller, que nasceu em 1880, no Alabama, Estados Unidos. Aos 19 meses de idade ficou cega e surda devido a uma doença desconhecida, provavelmente escarlatina ou meningite. Com a ajuda de sua professora, Anne Sullivan, que também tinha deficiência visual, Keller aprendeu a se comunicar usando o alfabeto manual, uma série de sinais táteis feitos na palma da mão. Ela também aprendeu a ler braille e a falar, utilizando sua capacidade de tocar as vibrações vocais de outras pessoas. "Evitar o perigo não é, em longo prazo, tão seguro quanto se expor ao perigo. A vida é uma aventura ousada ou, então, não é nada", ela disse certa vez. Keller se formou no Radcliffe College, tornando-se a primeira pessoa surda e cega a obter um diploma universitário nos Estados Unidos.

Ao longo de sua vida, Helen Keller foi uma defensora dos direitos das pessoas com deficiência, dos direitos das mulheres e de causas sociais em geral. Ela escreveu vários livros, fez palestras e viajou pelo mundo, inspirando outros com sua determinação, coragem e compaixão. Em sua época, ela já afirmou o que os cientistas concordariam mais tarde: "Muitas pessoas têm a ideia errada do que constitui a felicidade verdadeira. Ela não é alcançada pela autossatisfação, mas pela fidelidade a um propósito digno".

O conceito de dignidade é subjetivo, vale esclarecer. Ele decorre de valores éticos e morais que advêm da nossa consciência, nossa formação e nossa percepção de nós mesmos, dos outros e do universo ao nosso redor em um determinado período de tempo. Imagine que a ética funciona como as regras do jogo da vida, guiando como devemos agir de forma justa e correta. Já a moral se refere à maneira como jogamos esse jogo, ou seja, se seguimos ou não essas regras no cotidiano.

Por exemplo, a ética discute se é certo ou errado pegar algo que não nos pertence, enquanto a moral se manifesta quando decidimos se pegamos ou não o lápis do colega sem pedir. A ética nos ajuda a refletir sobre essas escolhas e a moral é a forma como agimos com base nesses pensamentos.

As três dimensões

> *Se não acreditarmos em nada, se nada tiver algum significado e se não pudermos afirmar quaisquer valores, então tudo é possível e nada tem qualquer importância.*
>
> (Albert Camus)

"Não encontraremos nada se não procurarmos", disse Arthur Brooks, professor de Prática de Gestão na Harvard Business School e apresentador da série de *podcasts Como construir uma vida feliz*. Ele sugere uma abordagem para encontrar sentido e significado na vida sem se perder em uma busca excessiva, propondo que podemos fazer isso de forma eficaz e sem obsessão, avaliando nossa vida em três dimensões, conforme definido pelos psicólogos Frank Martela e Michael F. Steger no *The Journal of Positive Psychology* em 2016:

- Coerência: compreender como os eventos se encaixam em nossa vida, a percepção de que as coisas acontecem por um motivo. Mesmo que não possamos encaixar novos acontecimentos em nossa narrativa imediatamente, acreditamos que eventualmente extrairemos sentido deles.
- Finalidade: envolve a existência de metas e objetivos, a convicção de que estamos vivos para alcançar algo. É como uma declaração de missão pessoal, como "O propósito da minha vida é compartilhar os segredos da felicidade" ou "Estou aqui para espalhar amor abundantemente".
- Significado: refere-se ao valor intrínseco da vida, a sensação de que nossa existência é importante. Quando temos

altos níveis de significado, ficamos confiantes de que o mundo seria mais pobre sem nossa presença.

Brooks diz que devemos avaliar se estamos nutrindo nossas vidas com coerência, propósito e significado. Se percebermos um déficit em alguma área de significado, devemos procurar soluções produtivas. Podemos aprender com as tradições filosóficas e religiosas, como os estágios de vida do hinduísmo, que nos incentivam a nos retirarmos momentaneamente das demandas diárias para nos concentrarmos no significado profundo da vida. A busca incessante pelo significado pode, paradoxalmente, prejudicar nossa felicidade. Devemos avaliar nossos níveis de presença e busca e, se necessário, focar nas fontes de significado já presentes em nossas vidas, em vez de buscar constantemente por novas.

Benefícios do propósito à fisiologia

Uma pesquisa realizada ao longo das últimas duas décadas revela consistentemente que os idosos que têm um sentido de propósito na vida estão menos suscetíveis a desenvolver a doença de Alzheimer, problemas cognitivos leves, deficiências, ataques cardíacos ou derrames, e tendem a viver mais do que aqueles desprovidos desse tipo de motivação subjacente.

A revista *JAMA Psychiatry* publicou evidências de que adultos mais velhos com um senso sólido de propósito também apresentam maior força de aperto de mão e velocidade de caminhada – indicadores cruciais de envelhecimento saudável.

Outros estudos científicos (Hill; Turino, 2014) também sugerem que encontrar um propósito para sua vida pode acrescentar anos a ela. De fato, estudos revelaram que os adultos mais velhos têm uma redução no risco de mortalidade quando têm um sólido senso de propósito na vida, demonstrando que os benefícios da longevidade associados ao propósito são mantidos ao longo dos anos adultos por pelo menos três razões fundamentais.

Em primeiro lugar, as pessoas enfrentam diferentes níveis de risco de mortalidade ao longo da vida adulta, e havia dúvidas sobre se o propósito ajudava a "protegê-las" contra esses riscos. Em segundo lugar, com o advento da aposentadoria, os riscos à saúde aumentaram, tornando o propósito potencialmente mais benéfico mais tarde na vida, ao combater a perda de estrutura e de organização proporcionadas pelo trabalho. Em terceiro lugar, ter um propósito sugere um compromisso com objetivos claros ao longo da vida.

Tendo em vista que os propósitos mudam com a idade, a pesquisa examinou os benefícios de se manter um propósito mesmo diante de mudanças estruturais. Além disso, a pesquisa investigou se o propósito confere benefícios de longevidade semelhantes para adultos jovens, de meia-idade e mais velhos, utilizando dados de uma amostra abrangente nos Estados Unidos, que incluiu participantes com idades entre 20 e 75 anos.

O resultado foi fantástico, pois comprovou consistentemente que ter um propósito na vida é um indicador de envelhecimento saudável por várias razões, incluindo seu potencial para reduzir o risco de mortalidade. Analisando as situações semelhantes, pessoas com propósito viveram mais do que suas contrapartes durante os 14 anos após a avaliação, mesmo controlando para outros marcadores de bem-estar psicológico e afetivo.

Os benefícios de longevidade parecem não estar vinculados à idade dos participantes, independentemente do tempo de vida ou do momento da aposentadoria do mercado de trabalho. Em resumo, ter um propósito oferece uma ampla proteção contra o risco de mortalidade ao longo da vida adulta.

O bem-estar hedônico e o eudaimônico[16] envolvem programas regulatórios de genes distintos, apesar de seus efeitos semelhantes no bem-estar total e nos sintomas depressivos, implicando que o genoma humano pode ser mais sensível às variações qualitativas no bem-estar do que nossas experiências afetivas conscientes. Ou seja, a ciência demonstrou que ter um propósito altera a expressão dos seus genes.[17]

Você se lembra da pesquisa conduzida por Sonja Lyubomirsky, Kenon Sheldon e David Schkade, mencionada no capítulo 1? Barbara L. Fredrickson revelou que a felicidade é uma interseção de diversos fatores, incluindo circunstâncias externas, predisposição genética e escolhas individuais. Sua pesquisa traz uma excelente notícia: o estabelecimento de um propósito de vida pode levar a uma forma de felicidade duradoura e sustentável, conhecida como felicidade eudaimônica. Essa é a que perdura ao longo do tempo, mesmo quando as circunstâncias imediatas não são necessariamente prazerosas. Assim, percebemos que há dois pilares fundamentais para a conquista da felicidade: o aspecto mental da decisão e a definição clara de um propósito de vida.

Por falar em circunstâncias difíceis, Stephen Hawking desafiou todas as probabilidades ao se tornar um dos cientistas mais influentes da história, apesar de ter sido diagnosticado com Esclerose Lateral Amiotrófica (ELA) aos 21 anos. Os médicos previram um futuro sombrio, mas ele surpreendeu o mundo ao resistir aos avanços da doença, que o deixaram confinado a uma cadeira de rodas e incapaz de falar naturalmente. Apesar desses desafios, nos anos

---

16. Conceito filosófico grego que se refere a um estado de prosperidade, realização e bem-estar que resulta de viver uma vida virtuosa e significativa.

17. Pesquisa realizada por Barbara L. Fredricksona, Karen M. Grewenb, Kimberly A. Coffeya, Sara B. Algoea, Ann M. Firestinea, Jesusa M. G. Arevaloc, Jeffrey Mac, and Steven W. Colec, intitulada: *A functional genomic perspective on human well-being*. https://www.pnas.org/content/pnas/110/33/13684.full.pdf?hc_location=ufi

1960, Hawking ganhou fama mundial ao apresentar sua teoria da singularidade do espaço-tempo, aplicando a lógica dos buracos negros a todo o universo. Seu livro *Uma breve história do tempo* se tornou um best-seller, tornando a ciência acessível a um amplo público.

Ao longo de sua vida, Hawking deixou um legado incomparável, desafiando paradigmas e integrando distintos campos da física. Sua contribuição para a compreensão dos buracos negros, a radiação Hawking e a exploração do Big Bang revolucionaram nossa compreensão do cosmos, ao mesmo tempo em que ele se dedicava a tornar a ciência acessível a todos.

Por uma questão de coerência faço uma ressalva: mencionei anteriormente que não existem fórmulas ou ingredientes definidos para se alcançar a felicidade. Então como posso afirmar que decisões e propósitos são elementos essenciais para a felicidade? De fato, embora constituam pilares importantes, reconheço que há outros aspectos a serem explorados em capítulos subsequentes. No entanto é crucial enfatizar que as decisões e os propósitos que cada indivíduo estabelece para sua própria vida são pessoais e únicos. O que eu decido e o meu propósito podem diferir dos seus, refletindo nossas experiências, nossos valores e aspirações individuais.

Você já encontrou o seu propósito?

Procrastinação – adiando a felicidade

No pain, no gain.
(Sem dor, sem ganho)

A palavra "procrastinação" vem do latim: *pro*, "para frente"; *crastinus*, "pertencente ao dia seguinte", derivado de *cras*, que significa "amanhã". Portanto a origem etimológica de "procrastinação" é literalmente "adiar para o dia seguinte" ou "empurrar para amanhã".

O cônsul romano Cícero chamou a procrastinação de "odiosa" na condução dos negócios. E esse é apenas um dos muitos exemplos documentados na história. Hesíodo aconselhava: "Não adiar o trabalho até amanhã e depois de amanhã".

Há uma obsessão muito forte pela ideia de felicidade e, em grande medida, pessoas muito mais a vivem no plano teórico do que realmente a buscam. Ser feliz é algo que requer e dá muito trabalho, é um caminho cheio de experiências práticas. O escritor francês Jules Renard anotou em seu diário, em 1893: "Caso se construísse a casa da felicidade, seu maior cômodo seria a sala de espera".

Afinal de contas, a expectativa criada, aquele movimento de inclinação a uma forma de desejo, sem que haja uma dedicação genuína e uma decisão, conforme já explicamos, de ser feliz, coloca a felicidade numa fila de espera muito longa.

Do ponto de vista da ciência, um estudo pioneiro sobre os efeitos negativos da procrastinação foi publicado na revista *Psychological Science*, em 1997. Os pesquisadores Dianne Tice e Roy Baumeister, da Case Western Reserve University, e membros da Association for Psychological Science (APS), analisaram estudantes universitários usando uma escala reconhecida de procrastinação. Eles acompanharam o desempenho acadêmico, os níveis de estresse e a saúde geral desses alunos ao longo de um semestre letivo.

Inicialmente, parecia haver uma vantagem em procrastinar, pois esses alunos apresentavam níveis de estresse mais baixos em comparação a outros, presumivelmente devido à busca por atividades mais agradáveis ao adiar o trabalho. No entanto, no final, os custos da procrastinação superaram significativamente os benefícios temporários. Os procrastinadores obtiveram notas mais baixas do que seus colegas e relataram níveis acumulados mais altos de estresse e doenças. Além de terminarem seu trabalho mais tarde, os verdadeiros procrastinadores viram a qualidade do trabalho e seu próprio bem-estar prejudicados.

Em outro estudo (Wäschle; Allgaier; Lachner; Fink; Nückles, 2014) conduzido ao longo de dezenove semanas em uma universidade, 150 estudantes foram analisados quanto à relação entre procrastinação, percepção do alcance de metas e autoeficácia. Os resultados revelaram um ciclo vicioso de procrastinação e um ciclo virtuoso de autoeficácia. Os alunos que procrastinaram significativamente tenderam a julgar como insatisfatório o cumprimento de suas metas, o que, por sua vez, reforçou o comportamento de procrastinação. Por outro lado, aqueles com alta autoeficácia perceberam um alto grau de realização de metas, elevando-a ainda mais.

A autoeficácia mediou o impacto da percepção do alcance das metas na procrastinação. Portanto os alunos com essa qualidade reduzida são propensos a ficarem presos em um ciclo de procrastinação. Isso sugere que a procrastinação é uma falha complexa na autorregulação, caracterizada pelo adiamento voluntário de tarefas importantes, mesmo que se esteja ciente das consequências negativas. Uma compreensão inadequada do tempo pode agravar o problema, mas a falta de controle emocional parece ser sua raiz.

De acordo com o estudo de Joseph Ferrari, professor de Psicologia da Universidade DePaul, aproximadamente 20% das pessoas são procrastinadores crônicos. Os que têm o hábito de procrastinar frequentemente argumentam que não importa quando uma tarefa é concluída, desde que seja feita eventualmente. Alguns até acreditam que trabalham melhor sob pressão.

Tice e Ferrari colaboraram em um estudo que destacou os efeitos prejudiciais da procrastinação. Eles reuniram os alunos em um laboratório e informaram que ao final da sessão teriam que resolver um quebra-cabeça matemático. Alguns foram instruídos de que essa tarefa era um teste significativo de suas habilidades cognitivas, enquanto outros foram informados de que era apenas para diversão. Antes de iniciarem o quebra-cabeça, os alunos tiveram um intervalo em que podiam se preparar ou se entreter com jogos. Curiosamente, os procrastinadores crônicos adiaram a prática do quebra-cabeça apenas quando foi apresentado como um teste cognitivo. Quando era descrito como uma atividade divertida, não se comportavam de maneira diferente dos não procrastinadores. Em um artigo de 2000 publicado no *Journal of Research in Personality*, Tice e Ferrari concluíram que a procrastinação é, de fato, um comportamento autodestrutivo, com os procrastinadores minando seus próprios esforços.

Outra possível explicação está relacionada ao medo de não performar adequadamente, de falhar na tarefa ou perceber dificuldade maior. Como já foi dito, o ser humano tende a permanecer em uma posição confortável e segura.

Em uma pesquisa conduzida por Clarry H. Lay, da Universidade de York, Canadá,[18] publicada em 2004 sob o título "Enfim, meu artigo de pesquisa sobre procrastinação", foi constatado que a procrastinação estava relacionada a medidas de desorganização, independentemente da necessidade de realização, nível de energia e autoestima.

Não existe um único tipo de procrastinador, mas várias impressões gerais surgiram ao longo dos anos de pesquisa. Os procrastinadores crônicos têm problemas perpétuos para terminar tarefas, enquanto os situacionais atrasam com base na própria tarefa. Em geral, as pessoas aprendem com seus erros e reavaliam sua abordagem para certos problemas. Para procrastinadores crônicos, esse ciclo de *feedback* parece não fazer sentido, portanto não surtem efeito. O dano sofrido como resultado do atraso não os ensina a começar mais cedo da próxima vez. Uma explicação para esse paradoxo comportamental parece estar no componente emocional da procrastinação.

---

18. Disponível em: https://www.sciencedirect.com/science/article/abs/pii/0092656686901273. Acesso em: 3 set. 2024.

Ironicamente, a própria busca para aliviar o estresse pode impedir os procrastinadores de descobrir como aliviá-lo no longo prazo.

Uma pesquisa liderada por Tice reforçou o papel dominante desempenhado pelo humor na procrastinação. Em um artigo publicado em 2001 no *Journal of Personality and Social Psychology*, Tice e seus colegas relataram que os alunos não procrastinavam antes de um teste de inteligência quando acreditavam que seu humor estava estável. Por outro lado, quando pensavam que seu humor poderia mudar (especialmente quando estavam de mau humor), adiavam a prática até o último minuto. Essas descobertas sugeriram que o autocontrole cede à tentação apenas quando as emoções atuais podem ser melhoradas como resultado.

A procrastinação tem um aspecto intrigante, pois mantém as pessoas no reino da imaginação e dos sonhos, proporcionando conforto e externalização das tarefas indesejadas. Expressões como "Quando eu escrever meu livro", "No dia em que eu comprar minha casa", "Quando eu for para a Europa" ou "Quando eu tiver dinheiro" são exemplos disso. Como bem observou o poeta português Fernando Pessoa: "Na véspera de não se partir nunca, ao menos não há que se arrumar as malas".

É só na sequência dos *agoras* que você existe

Não importa o quanto procrastinamos até aqui. Em *Cartas do poeta sobre a vida*, Rainer Maria Rilke nos enche de ânimo e força para fazer diferente, mas não apenas agora. Ele acreditava que podemos mudar também o passado, recuperando toda a pulsão de vida que ficou enclausurada em nossos adiamentos e pesares:

É imprescindível uma única tarefa, urgente: unir-se em algum lugar à natureza, ao forte, ao ávido, ao iluminado, com prontidão incondicional, e num espírito inocente, trabalhar avante, seja no mais banal, no mais cotidiano. Cada vez que consideramos algo com garra, com alegria, cada vez que olhamos para distâncias ainda não inauguradas, transformamos não apenas este momento e o seguinte, mas também o passado em nós, o tecemos em nossa existência, dissolvemos o corpo estranho da dor, cuja composição exata não conhecemos. Assim como não sabemos quanta pulsão de vida esse corpo estranho, uma vez dissolvido, transmite ao nosso sangue.

Também Clarice Lispector faz vibrar a alma ao citar Thoreau, filósofo americano. Em sua crônica *Aprendendo a viver*, ela nos lembra que devemos fazer algo por nós mesmos imediatamente:

[...] Se você se sente infeliz agora, tome alguma providência agora, pois só na sequência dos agoras é que você existe. Cada um de nós, aliás, fazendo um exame de consciência, lembra-se pelo menos de vários agoras que foram perdidos e que não voltarão mais. [...] A vida inteira Thoreau pregou e praticou a necessidade de fazer agora o que é mais importante para cada um de nós [...]. Impacientava-se também com os que gastam tanto tempo estudando a vida que nunca chegam a viver. "É só quando esquecemos todos os nossos conhecimentos que começamos a saber".
E dizia esta coisa forte que nos enche de coragem: "Por que não deixamos penetrar a torrente, abrimos os portões e pomos em movimento toda a nossa engrenagem?". Só em pensar em seguir o seu conselho, sinto uma corrente de vitalidade percorrer-me o sangue. [...] "Creio", escreveu, "que podemos confiar em nós mesmos muito mais do que confiamos. A natureza adapta-se tão bem à nossa fraqueza quanto à nossa força". E repetia mil vezes aos que complicavam inutilmente as coisas – e quem de nós não faz isso? –, como eu ia dizendo, ele quase gritava com quem complicava as coisas: simplifique! simplifique!

A coerência...

> *Pois, que adianta ao homem ganhar o mundo inteiro e perder a sua alma?.*
>
> (Marcos 8:32)

Esse versículo bíblico resume a importância de alinhar os propósitos com os valores, que devem preceder os propósitos e representam o que é fundamental para você (o que lhe traz bem-estar). São as características e os comportamentos que motivam e orientam suas decisões.

Há coisas que eu posso fazer, mas não devo. Outras eu evito porque não as considero dignas. A verdade, meu amigo, é que toda decisão envolve uma escolha e implica renunciar a algo. Por isso só existe dilema quando há decisões a serem tomadas. Isso é válido inclusive no âmbito pessoal. Se escolho estar casado em um país monogâmico, não posso desejar viver com mais de uma esposa.

Se você valoriza a família, não pode estabelecer como propósito de vida caminhos que o levem sempre à solidão. Aqui faço uma distinção entre solidão e solitude, que pode ser definida nas palavras de Paul Tillich, em sua obra *The eternal now* ("O eterno agora", em tradução livre): "A linguagem criou a palavra solidão para expressar a dor de estar sozinho. E criou a palavra solitude para expressar a glória de estar sozinho". A solitude está associada à ideia de estar sozinho pela necessidade de liberdade, mas sabendo que há opções.

Dito isso, todos têm seus próprios valores pessoais e eles podem ser bastante diferentes. As pessoas nascem com cargas genéticas distintas e reagem às situações ao longo da vida de maneiras diferentes. Por isso, reforço que não existe uma fórmula mágica que conduza à felicidade plena. Seria utópico pensar assim, sobretudo porque a felicidade plena não existe.

Por isso, algumas pessoas são competitivas, enquanto outras valorizam a cooperação. Algumas preferem a aventura, enquanto outras priorizam a ventura. Mas o fato é que se os propósitos não forem elaborados em conexão com seus valores, eles não farão sentido e, às vezes, podem levar à frustração. Em tudo na vida é necessário ter coerência. Em uma conversa com o autor e artista Leo Chaves, ele me disse uma frase impactante: "A coerência de nossas ações inevitavelmente conduz à paz".

No contexto da importância dos valores éticos e propósitos significativos, vale mencionar o sistema do hinduísmo conhecido como *ashrama*, que estabelece quatro estágios progressivos da vida humana, cada um associado a uma determinada idade e responsabilidade.

O primeiro estágio é o *brahmacharya* (busca pelo conhecimento sagrado), marcado pela iniciação religiosa. Em seguida vem o *grihasthya* (vida familiar), quando os indivíduos assumem deveres sociais, como trabalho, casamento e paternidade. A terceira etapa é o *vanaprastha* (retiro na floresta), período em que a pessoa se dedica à família e ao estudo espiritual. Por fim, temos *sannyasa* (renúncia), momento em que a pessoa se desapega das preocupações materiais, buscando exclusivamente a libertação espiritual (*moksha*). Independentemente da crença religiosa, e se há uma crença religiosa, o fato é que uma vida feliz e a evolução espiritual apenas serão possíveis com valores éticos e propósitos de vida alinhados a esses valores. Uma decorrência natural da 3ª Lei de Newton: ação e reação, da qual falei anteriormente.

E aqui devemos ter muito cuidado para não sermos hipócritas. Durante meu tempo na equipe de um escritório de advocacia que elaborava teses de descontaminação fiscal para entidades sem fins lucrativos, deparei-me com alguns dirigentes que estavam ali em busca de uma identidade que não correspondia à sua verdadeira essência. O envolvimento com as entidades filantrópicas servia para justificar uma vida fútil ou, às vezes, para buscar uma forma de aliviar a culpa. Explico: a pessoa foi desonesta durante toda a vida e depois, como forma de compensação, dedica-se superficialmente à filantropia.

Além dos casos que pude vivenciar na prática, acompanhamos com frequência nos veículos de comunicação situações como as envolvendo o médium "João de Deus" e o padre "Robson". Sem entrar nos méritos dos escândalos, que não é o objetivo do presente livro, é perceptível que, em ambos os casos, para os envolvidos, as instituições se tornaram menores do que eles. Isso ocorre justamente devido a falsos valores éticos e morais. Esses valores são revelados, como escreveu Nicolau Maquiavel em O príncipe: "Dê poder ao homem e descobrirá quem ele realmente é".

Quando questionado sobre valores como honestidade e fidelidade, costumo responder com a vaidade de desejar ser admirado pelo que faço e pela vida que levo. Não suporto a ideia de perder a admiração daqueles que me cercam. Por exemplo, ao me deparar com valores como honestidade e fidelidade, não consigo deixar de imaginar o desapontamento dos meus pais diante do rompimento desses princípios. Afinal, esses valores foram ensinados não apenas por palavras, mas pela vivência diária deles comigo e meus irmãos.

Isso se deve a duas razões. Primeiro, pela consciência da finitude da vida e da incerteza do que acontecerá com nosso espírito após a morte física. O ser humano é o único ser vivo que tem essa percepção da finitude da vida material. Segundo, busco de forma incessante ser uma referência mais positiva do que negativa nesta vida, deixando uma impressão duradoura, sem saber quando meu último suspiro será.

A título exemplificativo, pouco tempo antes de escrever este capítulo fui abordado por um empresário proprietário de uma construtora, cujo propósito de vida e a sua percepção de felicidade incluíam a constituição de uma família tradicional e bens materiais, sendo um pai zeloso e um "marido exemplar". No entanto esse homem acabou envolvido em uma única relação sexual extraconjugal ao longo de sua vida, que resultou em gravidez.

Sua preocupação, ao me procurar, era encontrar alternativas jurídicas para proteger o seu patrimônio da amante e do filho extraconjugal, enquanto mantinha a imagem de "homem de família" intacta. Porém, por um golpe do destino, durante uma visita a uma de suas construções, um tronco de árvore caiu sobre sua cabeça, causando um traumatismo craniano fatal. No final das contas, esse homem será lembrado por aquele ato e não pela vida dedicada à família. Diante da finitude da vida, pense nisso antes de, conscientemente, fazer uma lambança!

É preciso fazer o que é preciso

Não gosto de me levantar às 5h para fazer exercícios físicos. Na verdade, não sou fã de exercícios físicos em geral, exceto esqui e ciclismo. No entanto adoro levantar cedo para contemplar o nascer do sol enquanto me preparo para o dia que se inicia. Mas, então, por que adotei esse hábito de levantar cedo para praticar exercícios?

A resposta é simples e é o resultado de meses de programação mental e repetição até se tornar um hábito, programação da qual tenho que manter a vigília diária. Como nunca fui entusiasta de exercícios físicos, sempre encontrei maneiras de me sabotar e procrastinar: deixava para ir ao final do dia, esperando secretamente por uma reunião de última hora que não estava na agenda; após um dia exaustivo, preferia me compensar com duas taças de vinho e um bom jantar em vez de me exercitar; confiava na minha genética para me manter em forma naturalmente; muitas vezes, comprometia-me a ajudar alguém necessitado, considerando a caridade uma virtude mais nobre do que a prática de exercícios físicos. Não é verdade?

Mas esses boicotes tiveram suas consequências... Aos 30 anos, diante de algumas privações de saúde que tive até então, ganhei 11 kg em apenas oito meses. Para minha estrutura física era apenas um sobrepeso. No entanto, com o excesso de peso, vieram complicações: minha insônia piorou, o colesterol aumentou e fui presenteado com duas hérnias de disco. Após consultar médicos em Belo Horizonte, que indicaram procedimento cirúrgico, resolvi procurar um fisiatra em Uberlândia. Ao me examinar, ele foi claro: "Joaquim, você precisa perder peso e praticar exercícios regularmente! Se você optar por cirurgia para corrigir essas duas hérnias de disco agora, outras surgirão se continuar levando uma vida sedentária. Por outro lado, se adotar uma rotina de atividades físicas, talvez não precise passar por nenhuma cirurgia".

Como eu sempre fui muito autodesafiador, encarei a recomendação médica como uma missão. E, para mim, missão dada é missão cumprida! Procurei um nutricionista e me matriculei em uma academia. Fazer a dieta não foi tão desafiador, exceto pela limitação dos vícios do século XXI: Coca-Cola, chocolates e hambúrgueres artesanais. Já a prática de exercícios físicos foi um desafio. Tentei natação, musculação, boxe, futebol e corrida, em todos os horários do dia, mas nenhum tipo de esporte e horário me desagradava menos. Então, após alguns meses na tentativa, tive a ideia de contratar um treinador pessoal, o famoso *personal trainer*. Com o treinador pessoal eu teria alguém para me auxiliar na minha coordenação motora, que é um desafio à parte, além do compromisso com hora marcada e que me geraria um prejuízo financeiro caso eu não comparecesse.

Nessa tigela, surgiu também um verdadeiro estímulo para os solteiros feridos por uma paixão não correspondida. No meu caso, naquela época, a paixão intensa, ouso dizer que a maior que já experimentei, desempenhou duas funções importantes no meu processo de tornar a prática de exercícios físicos um hábito. Inicialmente, na fase da conquista; posteriormente, como uma forma de lidar com a "dor de cotovelo" por não ter sido correspondido. Durante esse processo, adotei duas técnicas que aplico em minha vida profissional: em primeiro lugar, a disciplina (é a consistência que gera resultados); em segundo lugar, realizar os exercícios logo no início do dia, o que evita a possibilidade de sabotagem e procrastinação.

Com seis meses de prática de exercícios físicos de segunda a sábado, sem faltar um dia sequer, comecei a apreciar os efeitos positivos que essa rotina tinha na minha saúde, especialmente na mental. Percebi que dormia melhor e me sentia mais energizado. Vale ressaltar que nesse período eu havia acabado de sair de uma rotina extremamente exigente, com jornadas de trabalho de até 20 horas, em um dos escritórios mais prestigiados do país, para montar meu próprio escritório. Dessa forma, a prática regular de exercícios transformou o meu tempo livre em um período de ócio criativo e renovação.

Hoje em dia, pratico exercícios físicos não porque necessariamente goste de fazê-los, mas porque valorizo profundamente os efeitos positivos que a prática regular tem na minha saúde, tanto pela liberação de serotonina e endorfina, popularmente conhecidos como "hormônios da felicidade", quanto pelos benefícios para o meu bem-estar geral. Isso significa que, ao ter clareza do meu propósito, estou ciente de que, para alcançá-lo, algumas renúncias são necessárias. Para cada vantagem há também um custo a ser pago.

A limitação vem da acomodação. Quando dizemos "Não quero ir além disso, porque assim está bom", estamos vivendo na velha mente. Veja se pode se empenhar um pouco mais e imediatamente perceberá o movimento se aproximar. Se estiver consciente, você ouvirá o sussurro da consciência: "Tente avançar um pouco mais".

(B. K. S. Iyengar)

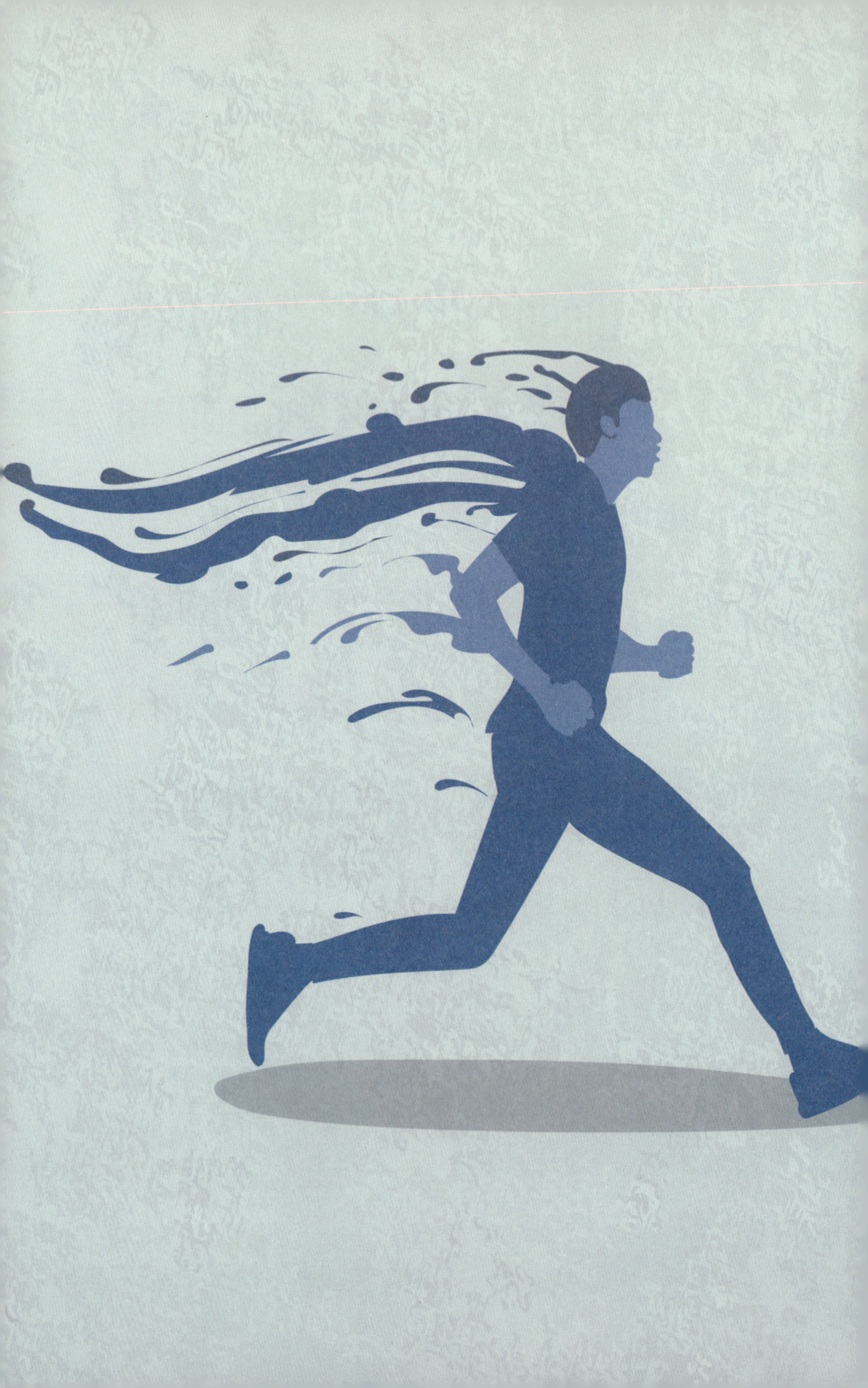

Capítulo 6

O movimento que produz felicidade

"**P**recisei ir até a montanha para poder me encontrar, ver-me diante de um espelho [...] é naquele momento que eu faço minha comunhão com Deus, é naquele momento que tenho vontade de voltar e contar pra todo mundo o que eu vi", diz Waldemar Niclevicz no documentário *Eu maior*, ao descrever sua experiência com o alpinismo.

O sentimento de Niclevicz em relação ao esporte, que literalmente amplia seus horizontes e possibilidades de felicidade, não é único. Além disso, não é necessário escalar montanhas para alcançar um nível semelhante de satisfação e bem-estar. Um estudo intitulado *The relationships between physical activity and life satisfaction and happiness among young, middle-aged, and older adults* ("As relações entre atividade física, satisfação e felicidade com a vida entre jovens, meia-idade e idosos", em tradução livre) (An; Chen; Wang; Yang; Huang; Fan, 2020) revelou uma conexão significativa entre a prática regular de exercícios e o bem-estar subjetivo.

O bem-estar subjetivo inclui dois componentes: cognitivo e afetivo. O cognitivo se refere à satisfação com a vida e é um processo de julgamento no qual as pessoas avaliam sua qualidade de vida com base em um conjunto pessoal único de critérios. O afetivo se refere à felicidade e é uma avaliação emocional do grau de intensidade e do conteúdo das experiências pessoais positivas dos momentos felizes da vida. Além de melhorar a capacidade funcional do corpo, reduzir riscos de doenças, ajudar na perda de peso e melhorar a composição corporal, os benefícios da atividade física vão muito além do físico, podem transformar também a mente e a qualidade de vida.

De acordo com o estudo, o exercício regular pode melhorar o humor e reduzir os sintomas de depressão e ansiedade. Um dado interessante é que independentemente da idade, pessoas que se exercitam mais tendem a ser mais felizes e satisfeitas com suas vidas. Isso se aplica a jovens, adultos de meia-idade e idosos.

A pesquisa mostra que o impacto positivo do exercício na felicidade e na satisfação com a vida tem uma forma curvilínea ao longo da idade. Isso significa que em cada fase da vida, a atividade física pode proporcionar um nível diferente de bem-estar. Outros fatores, como escolaridade e estado civil, também desempenham um papel importante, especialmente em adultos de meia-idade e idosos.

Ficou claro no estudo que o total de atividade física é mais importante do que o tipo específico de exercício. Não se trata apenas de correr ou levantar pesos, mas de manter um estilo de vida ativo. É esse estilo que terá um impacto mais significativo no bem-estar do que qualquer atividade física isolada. Portanto, em vez de focar em uma única atividade, pense em como você pode ser mais ativo no seu dia a dia. Mas como exatamente a atividade física melhora nosso bem-estar? Existem dois principais mecanismos:

Melhoria da saúde física: inclui benefícios cardiovasculares, aumento da força e melhor capacidade funcional.
Melhorias psicológicas: redução da ansiedade e da depressão, aumento da autoeficácia e uma visão mais positiva de si mesmo e da saúde mental.

Pessoas com problemas de saúde mental, em particular, podem encontrar na atividade física uma maneira eficaz de aumentar sua satisfação com a vida.

Em resumo, mover-se mais é essencial. Não importa sua idade, estado civil ou nível de escolaridade, incorporar mais atividade física em sua rotina pode fazer maravilhas pelo seu corpo e pela sua mente. Para Waldemar Niclevicz, por exemplo, os ganhos podem ser ainda mais significativos quando se trata de superação: "É importante respeitar os próprios limites, mas como vamos ampliá-los? [...] O que acontece quando você chega ao seu limite? Naturalmente, esse limite se expande".

De acordo com o estudo, a relação entre atividade física e bem-estar é uma via de mão dupla: fazer exercícios regularmente pode aumentar sua satisfação e sua felicidade com a vida, e se sentir feliz pode incentivá-lo a ser mais ativo.

À medida que envelhecemos, nossas emoções se tornam mais estáveis e tendemos a lidar melhor com o estresse e os problemas econômicos. A educação também desempenha um papel significativo. Pessoas com maior escolaridade geralmente têm mais conhecimento sobre saúde e melhores habilidades para enfrentar desafios, resultando em maior satisfação e felicidade. No entanto esse impacto é mais evidente em adultos de meia-idade e idosos, enquanto entre os jovens o efeito é menos pronunciado, talvez porque muitos já têm um nível elevado de educação.

O estado civil também influencia significativamente o bem-estar. Em geral, pessoas casadas têm maior satisfação e maior felicidade, beneficiando-se dos apoios físico, emocional, social e econômico. Porém esses efeitos são mais perceptíveis em adultos jovens e de meia-idade. Nos idosos, o impacto pode ser diferente, sobretudo se são viúvos ou divorciados, ou vivem sozinhos.

A renda pessoal é outro fator importante, em especial para adultos de meia-idade, que frequentemente carregam a responsabilidade financeira da família. Uma boa situação financeira está associada a maior satisfação com a vida, enquanto baixos rendimentos ou desemprego podem reduzir a felicidade.

A ciência comprova aquilo que tradições mais antigas, como a ioga, já sabiam: a realização, em diversos níveis, pode ser alcançada por meio do corpo. "É pelo alinhamento do corpo que descubro o alinhamento da mente, do eu e da inteligência. O alinhamento que parte do corpo ou invólucro (*kosa*) externo para o interno é o caminho para que nossa realidade pessoal estabeleça contato com a Realidade Universal", explica o mestre indiano B. K. S. Iyengar (2005, p. 39-40) em *Luz na vida*.

> Todos sabemos que a mente afeta o corpo. Por que não tentar, sugere a ioga, fazer o contrário – acessar a mente por meio do corpo? "Queixo erguido" e "Ombros para trás, postura ereta" expressa essa abordagem. O aprimoramento pessoal pelo ássana *[postura]* é o grande portão que conduz aos recintos internos que precisamos explorar. Em outras palavras, vamos tentar usar o ássana para esculpir a mente. [...] Quando os sentidos da percepção se voltam para dentro, experimentamos o controle, o silêncio e a quietude da mente. Essa capacidade de aquietar e aos poucos silenciar a mente é essencial não apenas para a meditação e a jornada interior, mas também para que a inteligência intuitiva funcione de maneira útil e benéfica no mundo externo.

Também do Oriente, uma antiga prática tem conquistado o interesse da ciência moderna: o Tai Chi Chuan. Conhecido como "meditação em movimento", essa arte marcial chinesa combina movimentos fluidos com respiração profunda e consciência plena, oferecendo um verdadeiro bem-estar. Ao longo dos últimos 45 anos, centenas de estudos e revisões sistemáticas têm sido publicados, explorando os benefícios dessa prática. E as evidências são convincentes: o Tai Chi oferece uma gama ampla de vantagens, especialmente para idosos e indivíduos com condições crônicas.

Para aqueles que lutam contra doenças como Parkinson, o Tai Chi tem se mostrado um aliado, melhorando o equilíbrio e a coordenação. Também ajuda a aprimorar a capacidade respiratória, fortalece a capacidade cognitiva em idosos, traz alívio significativo para a depressão, atua na reabilitação cardíaca, na recuperação de AVC e até mesmo no enfrentamento da demência e na melhora da qualidade do sono.

A psicóloga e pesquisadora de Harvard, Amy Cuddy, explicou como aproveitar a linguagem corporal para ganhar segurança e transmitir uma imagem positiva, mesmo quando não nos sentimos tão confiantes. Ela destacou o impacto significativo que isso pode ter em nossas chances de sucesso. Em seu livro *O poder da presença*, Cuddy revela que a transformação da mente pode começar com uma simples mudança de comportamento e ensina técnicas para superar o medo em momentos de alta pressão, melhorando nosso desempenho.

Está cientificamente comprovado que adotar "posturas de poder" aumenta a autoconfiança e proporciona tranquilidade para se conectar com as pessoas que você deseja impressionar. Nesse estado mais calmo e seguro você é capaz de ser mais autêntico, marcar presença e demonstrar competência, mesmo em situações desafiadoras.

Atividade física no país mais feliz do mundo

Enquanto os holofotes recaem sobre os dados socioeconômicos e a qualidade de vida da Finlândia, um fator negligenciado pode estar contribuindo para o status do país como o mais feliz do mundo por sete anos consecutivos: a atividade física enraizada naquela cultura.

De acordo com a Organização Mundial da Saúde, os finlandeses não apenas desfrutam de indicadores favoráveis, mas também são reconhecidos como o povo mais ativo da Europa, especialmente quando se trata de exercício diário, como caminhar ou pedalar para o trabalho.

A doutora Raija Laukkanen, diretora de colaborações científicas da Polar Electro, empresa finlandesa especializada em equipamentos de monitoramento de frequência cardíaca e tecnologia esportiva, ressalta: "O elevado nível de atividade física na Finlândia deveria receber mais atenção quando a pesquisa de felicidade for discutida". Além disso, os altos níveis de conhecimento e tecnologia esportiva disponíveis incentivam essa cultura ativa, promovendo a compreensão de que os exercícios são parte integrante de uma vida saudável e contribuem para a redução de doenças.

Sono de qualidade e felicidade

Viktor Frankl, em seu livro *Em busca de sentido*, em uma narrativa muito rica do comportamento psicológico dos prisioneiros, escreveu de forma assertiva sobre a privação do sono:

> Há também causas de natureza fisiológica. É o que vale também para a irritabilidade, a qual, além da apatia, representa uma das mais eminentes características da psique do prisioneiro. Entre as causas fisiológicas estão, em primeiro lugar, a fome e a falta de sono. Como qualquer um sabe, mesmo na vida normal, ambos os fatores tornam a pessoa apática e irritadiça.

Em 1964, durante um projeto científico audacioso, Randy Gardner e Bruce McAllister, dois adolescentes de 17 anos, desafiaram seus próprios limites ao permanecerem acordados por 264 horas consecutivas, o equivalente a 11 dias e 25 minutos. Em uma entrevista concedida em 2018, McAllister refletiu sobre essa jornada conjunta, admitindo que, na época, eles não compreendiam plenamente as consequências da privação de sono.

Gardner foi o protagonista principal dessa empreitada. O Dr. William Dement, então pesquisador do sono da Universidade de Stanford, acompanhou de perto a experiência. Apesar das atividades que Gardner realizava para se manter ocupado, como jogar basquete e videogames, ele sofreu consideráveis impactos cognitivos e físicos devido à sua prolongada vigília. Dement observou uma queda significativa nas habilidades analíticas, de percepção, motivação, memória e controle motor de Gardner, acompanhada pelo surgimento de alucinações, delírios e uma acentuada diminuição na capacidade de atenção.

Embora Gardner não tenha experimentado efeitos de longo prazo imediatamente, desenvolveu insônia aos 60 anos, uma condição que o atormentou por quase uma década antes de experimentar alguma melhora, embora limitada a cerca de seis horas de sono por noite.

Nos anos seguintes, houve tentativas de superar o recorde de Gardner, como a empreitada de Tony Wright em 2007. Ele conseguiu permanecer acordado por 266 horas e relatou os impactos físicos e mentais dessa experiência, enfatizando as graves consequências da privação prolongada de sono.

Na pesquisa científica *Better sleep, better life? Testing the rule of sleep on quality of life* ("Dormir melhor, viver melhor? Testando o papel do sono na qualidade de vida", em tradução livre) (Kudrnáčová; Kudrnáč, 2023) que examinou três facetas distintas do sono em um modelo longitudinal único, os pesquisadores descobriram que a qualidade do sono é o fator mais influente em cinco aspectos fundamentais da qualidade de vida: bem-estar, satisfação com a vida, saúde subjetiva, estresse no trabalho e felicidade. Os indivíduos que relataram melhor qualidade de sono também experimentaram melhor qualidade de vida. Mais impressionante ainda, as melhorias na qualidade do sono ao longo do tempo estavam diretamente relacionadas a melhorias na qualidade de vida geral.

A pesquisa *How a good sleep predicts life satisfaction: the role of zero-sum beliefs about happiness* ("Como um bom sono prevê a satisfação com a vida: o papel das crenças de soma zero sobre a felicidade", em tradução livre) também investigou como a qualidade do sono influencia a satisfação com a vida. Os resultados revelaram que manter uma mentalidade positiva pode melhorar a qualidade do sono, mas, essencialmente, uma boa noite de sono também pode melhorar a percepção que uma pessoa tem de sua própria vida.

Uma descoberta importante desse estudo é que a crença de soma zero afeta a relação entre a qualidade do sono e a satisfação com a vida, mesmo quando controladas características como o neuroticismo (nível crônico de instabilidade emocional), que são conhecidas por influenciar fortemente a felicidade. Acreditar que a felicidade é fixa e predeterminada pode ser psicologicamente desanimador, além de aumentar a predisposição para sentimentos negativos.

O que realmente constitui uma boa vida? Na sociedade moderna, muitas pessoas tendem a subestimar a importância de um "bom sono", dando prioridade a aspectos como status elevado ou renda. No entanto as pesquisas sugerem que essa prática cotidiana aparentemente simples não apenas restaura o corpo, mas também melhora a perspectiva mental sobre a vida.

A Universidade de Hong Kong[19] realizou um estudo sobre as consequências negativas do sono deficiente, que analisou os padrões de sono de alunos do ensino fundamental ao médio e como

---

19. Disponível em: https://www.researchgate.net/publication/351106480_Well-Slept_Children_and_Teens_are_Happier_and_More_Hopeful_with_Fewer_Emotional_Problems. Acesso em: 3 set. 2024.

esses padrões se relacionam com a maneira como eles se veem, seus pontos fortes e suas dificuldades, além de seu bem-estar emocional em termos de esperança e felicidade. Ainda, investigou se os sintomas emocionais desempenham um papel na conexão entre o sono e o bem-estar emocional.

Foram entrevistados 2.804 estudantes chineses (idades entre 9 e 15 anos, 46% do sexo masculino) em escolas locais de Hong Kong. Eles responderam a questionários sobre sono, esperança, felicidade, pontos fortes e dificuldades. Descobriu-se que uma boa qualidade de sono estava relacionada a níveis mais altos de esperança e felicidade, tanto diretamente quanto indiretamente, por meio da redução dos sintomas emocionais. Esses sintomas mediaram completamente a relação entre a qualidade do sono e o bem-estar emocional.

Caminhos nos sonhos

Dentro de cada um de nós há um outro que não conhecemos. Ele fala conosco por meio dos sonhos.

(Carl Jung)

Numa noite, Paul McCartney teve um sonho que mudaria para sempre a história da música. Ele acordou abruptamente, com uma melodia reverberando em sua mente. Ao lado de sua cama havia um piano. Sem hesitar, ele colocou as mãos nas teclas e começou a tocar a melodia, que parecia ter vindo do além. "Eu devo ter sonhado com ela", relatou McCartney em uma entrevista à revista *Rolling Stone*. "Tudo estava lá, a coisa toda". Assim, *Yesterday*, que nasceu de um sonho, tornou-se um dos maiores sucessos dos Beatles e entrou para o *Guinness Book* como a música com o maior número de versões *covers* no mundo. "Eu gostei muito da melodia.

Não podia acreditar que eu a tinha escrito. Eu pensei: 'Não, eu nunca escreveria algo assim'", disse Paul ao site da BBC.

Outro sonho que se tornaria um marco – dessa vez, na química – aconteceu em 1869, quando Dmitri Mendeleev, um químico russo, mergulhou em um sono profundo após horas de trabalho intenso. Ele havia passado dias tentando organizar os elementos químicos conhecidos em busca de um padrão, mas algo sempre parecia escapar. Exausto, ele adormeceu com a cabeça cheia de símbolos e números.

Em seu sonho, os elementos começaram a se agrupar e a se mover de maneira ordenada. Ele viu uma longa mesa em que os elementos estavam posicionados em colunas e linhas, revelando um padrão claro. Os elementos mais leves, como o hidrogênio e o hélio, estavam no início da tabela, enquanto os mais pesados estavam no final. Elementos com propriedades semelhantes se alinhavam em colunas verticais, criando uma simetria surpreendente.

Ao acordar, Mendeleev imediatamente registrou o que havia visto. Ele escreveu rapidamente, temendo que os detalhes escapassem de sua memória. O sonho havia lhe dado a chave para organizar os elementos de forma sistemática. Com o tempo, ele refinou sua tabela, que seria conhecida como "periódica", ajustando posições e prevendo as propriedades de elementos ainda não descobertos.

Aliados do sono de qualidade, os sonhos podem ser verdadeiros catalisadores para o autoconhecimento, a resolução de problemas e a criatividade. Freud dizia que "o sonho é a estrada real que conduz ao inconsciente", e por meio de sua interpretação é possível compreender a origem de alguns sintomas psicológicos e resolvê-los.

Estudos recentes indicam que o sono REM, uma fase do sono caracterizada por rápidos movimentos dos olhos e intensa atividade cerebral, pode ter um impacto significativo na capacidade das pessoas de interpretar emoções e processar estímulos externos. A pesquisa, liderada por Matthew Walker, professor de Neurociência e Psicologia na Universidade da Califórnia e autor do livro *Why we sleep* ("Por que dormimos", em tradução livre), revelou que indivíduos que atingiram o sono REM durante uma soneca demonstraram uma habilidade superior em julgar expressões faciais em comparação àqueles que não alcançaram essa fase. Walker descreve os sonhos como uma "terapia noturna" que proporciona um efeito calmante, auxiliando no processamento de experiências emocionais e melhorando nosso estado emocional para o dia seguinte.[20]

Complementando essas descobertas, um estudo recente da Universidade Rutgers destaca ainda mais a importância do sono REM. Os pesquisadores sugerem que a qualidade do sono anterior a um evento traumático pode influenciar significativamente a resposta do cérebro a situações de medo. Eles descobriram que quanto mais tempo uma pessoa passa em sono REM, mais fraca é a resposta de medo subsequente. Isso pode ser explicado pelo fato de que, durante o sono REM, a produção de norepinefrina – uma substância química associada ao estresse – é interrompida. Itamar Lerner, coautor do estudo, explica que a norepinefrina está ligada ao grau de sensibilidade da amígdala, o centro do medo no cérebro, aos estímulos externos.

Em um experimento conduzido na Universidade de Harvard, liderado pelo pesquisador Robert Stickgold, os participantes foram desafiados a aprender a navegar em um labirinto tridimensional complexo. Após um período de treinamento, eles foram testados em suas capacidades de se orientarem e encontrarem a saída.

20/ Disponível em: https://time.com/4970767/rem-sleep-dreams-health/ Acesso em: 10 jul. 2024.

Então os participantes foram divididos em dois grupos: um permaneceu acordado, enquanto o outro tirou um cochilo reparador. Quando o teste foi repetido, os resultados foram surpreendentes. O grupo que permaneceu acordado levou, em média, um minuto a mais para completar o labirinto em comparação com sua tentativa anterior. No entanto o grupo que tirou um cochilo mostrou uma melhora impressionante, completando o desafio cerca de um minuto mais rápido do que na primeira vez.

Fascinada por esses resultados, uma aluna de Stickgold, Erin Wamsley, aprofundou a investigação. Ela interrompeu o sono dos participantes para questioná-los sobre seus sonhos, enquanto os que permaneceram acordados foram interrogados sobre seus pensamentos. Quando o teste do labirinto foi repetido, os participantes acordados não mostraram melhora no desempenho, mesmo aqueles que pensaram ativamente sobre o desafio. Os que dormiram sem sonhar sobre o labirinto também não apresentaram ganhos significativos, mas os participantes que sonharam com o labirinto exibiram uma melhoria de desempenho dez vezes maior.

O neurocientista Sidarta Ribeiro, chefe do laboratório do Sono, Sonho e Memória do Instituto do Cérebro da Universidade Federal do Rio Grande do Norte e autor dos livros *Sonho manifesto* e *O oráculo da noite*, é um dos grandes defensores dos benefícios do sono e do sonho para o nosso bem-estar biopsicológico. Ele ressalta que o sonho não é apenas uma atividade individual, mas uma ferramenta ancestral de construção de adaptação e futuro, vital para a criatividade e para a flexibilidade cognitiva. Em *O oráculo da noite*, ele explica:

> O sonho é essencial porque nos permite mergulhar profundamente nos subterrâneos da consciência. Experimentamos no transcorrer desse estado uma colcha de retalhos emocionais. [...] A rotina do trabalho diário e a falta de tempo para dormir e sonhar, que acometem a maioria dos trabalhadores, são cruciais para o mal-estar da civilização contemporânea. É gritante o contraste entre a relevância motivacional do sonho e sua banalização no mundo industrial globalizado. No século XXI, a busca pelo sono perdido envolve rastreadores de sono, colchões hightech, máquinas de estimulação sonora, pijamas com biossensores, robôs para ajudar a dormir e uma cornucópia de remédios. [...] Mesmo assim a insônia impera. Se o tempo é sempre escasso, se despertamos diariamente com o toque insistente do despertador, ainda sonolentos e já atrasados para cumprir compromissos que se renovam ao infinito, se tão poucos se lembram que sonham pela simples falta de oportunidade de contemplar a vida interior, quando a insônia grassa e o bocejo se impõe, chega-se a duvidar da sobrevivência do sonho. E, no entanto, sonha-se.

Segundo Ribeiro, o sono atua ativamente na limpeza do cérebro, removendo toxicidades e contribuindo para a consolidação de memórias. Ele alerta sobre os riscos de uma privação crônica do sono, destacando que dormir mal não apenas afeta os bem-estares emocional e cognitivo em curto prazo, mas também aumenta o risco de problemas de saúde graves em médio e longo prazos, como depressão, diabetes, obesidade e até Alzheimer.

Você valoriza seu sono e seus sonhos? Sabe como fazer isso? Ribeiro recomenda:

Basta um pouco de autossugestão antes de dormir, com a disciplina de permanecer imóvel na cama ao despertar, para que a prolífica caixa de Pandora se abra. A autossugestão pode consistir em repetir, um minuto imediatamente antes de dormir: "Vou sonhar, lembrar e relatar". Ao despertar, papel e lápis à mão, o sonhador de início fará um esforço para lembrar o que sonhou. A princípio a tarefa parece impossível, mas rapidamente uma imagem ou cena, mesmo que esmaecida, virá à tona. A ela o sonhador deve se agarrar, mobilizando a atenção para aumentar a reverberação da lembrança do sonho. É essa primeira memória, mesmo que frágil e fragmentada, que servirá como peça inicial do quebracabeça, a ponta do novelo a desenrolar. Será através de sua reativação que as memórias associadas começarão a se revelar.

Cães amam seus amigos e mordem seus inimigos, bem diferente das pessoas, que são incapazes de sentir amor puro e têm sempre que misturar amor e ódio em suas relações.
(Sigmund Freud)

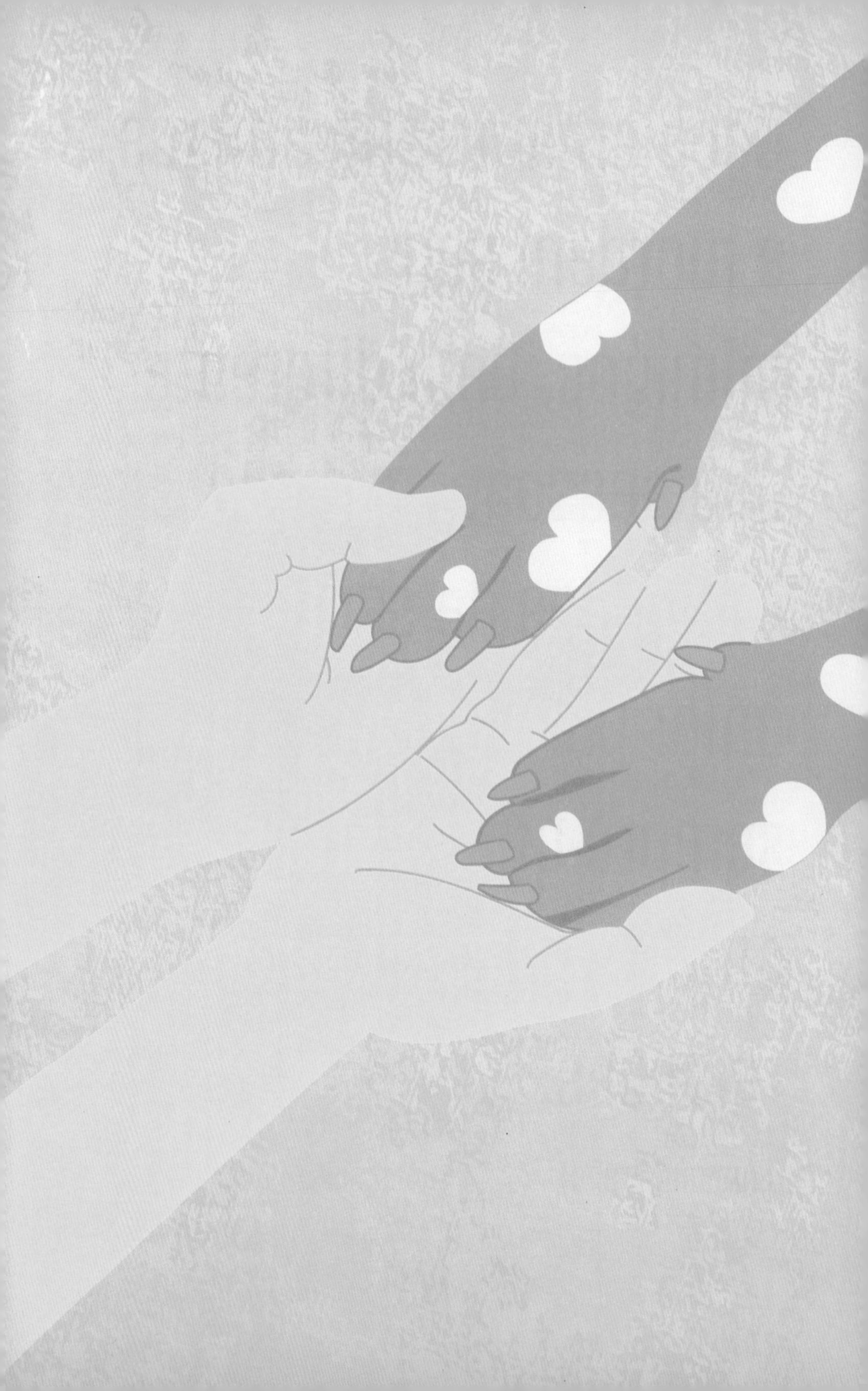

Capítulo 7

Será que ele me ama?

Ao longo dos séculos tem se estreitado a relação entre homens e animais. O biólogo Rupert Sheldrake estudou profundamente os efeitos dessa aproximação. Em *Cães sabem quando seus donos estão chegando*, ele relata dezenas de casos em que essa ligação é praticamente "telepática". Na obra *A sensação de estar sendo observado*, Sheldrake traz mais provas da capacidade mútua de conexão entre gente e *pet*.

> Muitos cães e gatos parecem saber quando seus donos pretendem sair e deixá-los para trás, especialmente quando planejam viajar ou tirar férias. Essa é uma das maneiras mais comuns pelas quais os animais domésticos parecem captar as intenções das pessoas. Em pesquisas domiciliares aleatórias na Grã-Bretanha e nos Estados Unidos, uma média de 67% dos donos de cães e 37% dos donos de gatos disseram que seus animais sabiam quando estavam saindo antes de mostrarem qualquer sinal físico de fazê-lo. Alguns papagaios também fazem isso. Robbi, uma afro-cinzenta pertencente a Michael Fallarino, um escritor e fitoterapeuta nova-iorquino, costumava anunciar que sabia quando Michael estava para sair da sala ou de casa, dizendo: "Tchau, até mais! Tenha um bom dia", assobiando melancolicamente.

A ciência já descobriu que os nossos animais de estimação também nos estudam e se tornam especialistas em nossos hábitos.

Você já viu seu cachorro ou gato correr até a porta antes mesmo de você calçar os sapatos ou colocar o casaco para sair? É meio inútil tentar enganar nossos bichinhos. Eles estão conosco desde os primórdios da civilização, então simplesmente sabem quando estamos escondendo algo, seja na hora do banho ou quando tentamos sair de fininho.

Antes de se tornarem praticamente um membro da família, a domesticação de animais desempenhou um papel fundamental na história da humanidade. Um marco significativo na domesticação animal foi o período neolítico, por volta de 10.000 a.C., quando comunidades agrícolas começaram a surgir em várias partes do mundo. À medida que as sociedades agrícolas se desenvolviam, a domesticação de animais desempenhava um papel cada vez mais importante na economia e na cultura. Por exemplo, no antigo Egito, os gatos eram domesticados para controlar pragas e proteger os estoques de grãos. Os cães também foram importantes como animais de caça e pastoreio em muitas sociedades antigas, incluindo os povos indígenas da América do Norte e os pastores nômades da Ásia Central.

Ao longo dos séculos, a seleção artificial possibilitou a criação de raças de animais domésticos com características específicas. Por exemplo, os criadores seletivos desenvolveram raças de cães para diversas funções, como cães de pastoreio, de guarda e de companhia.[21]

O que meu *pet* está pensando?

Sempre que as minhas filhas de quatro patas olham para mim com seu olhar único, pergunto a quem está próximo: "Será que elas

---

21. Disponível em: https://education.nationalgeographic.org/resource/domestication/ Acesso em: 10 jul. 2024.

me amam?". "Filhas, vocês amam o papai?". Certa vez, eu estava no aeroporto de Congonhas, em São Paulo, com a minha esposa e um casal de amigos. As esposas estavam na livraria e a minha veio correndo para me dizer: "Comprei um livro para você que vai responder a sua pergunta". Em um primeiro momento, pensei: "Qual pergunta?", haja vista que o que mais tenho são inquietações por perguntas sem respostas. Mas ao desembrulhar o pacote, deparei-me com o livro de Gregory Berns: *Será que ele me ama? Um neurocientista decifra o cérebro emocional de um canino*.

Comecei a ler durante o voo. O livro relata a longa experiência do autor em um projeto chamado Dog Project, com seus cães, que consistia em fazer a varredura do cérebro dos animais para compreender como eles reagiam a estímulos emocionais por meio de exames de ressonância magnética. Não foi uma pesquisa fácil, já que os cães não poderiam estar sedados e teriam que suportar o barulho ensurdecedor do aparelho e ficarem quietos.

Depois de mais de dois anos, o Dog Project começou a encontrar pistas:

> Eventualmente, nossos resultados podem até explicar por que cães e humanos se uniram milhares de anos atrás. Os dados cerebrais apontaram para uma inteligência social interespécies única nos cães. Em resposta à pergunta "O que os cães estão pensando", a grande conclusão foi a seguinte: *eles estão pensando sobre o que estamos pensando*. O relacionamento humano-cão não é unilateral. Com seu alto grau de inteligência social e emocional, os cães retribuem nossos sentimentos em relação a eles. Eles realmente são os primeiros amigos.

Chico Xavier disse algo fascinante a respeito dessa conexão entre cães e tutores. Segundo o médium, os cães podem criar vínculos tão especiais e profundos com seus tutores, que a perda da pessoa que mais amam pode afetá-los profundamente, chegando ao ponto de morrerem. Sua missão é eterna e quando percebem que seu propósito não tem mais significado neste mundo, deixam-se partir para outro plano de consciência.

O médium relata que os cães são seres incrivelmente sensíveis, conectados a vibrações elevadas e capazes de perceber mais do que imaginamos. São verdadeiros radares de energia, sempre alertas mesmo quando aparentam estar descansando. Sua audição, seu olfato e sua visão são notáveis, podendo perceber dimensões e presenças que escapam ao nosso entendimento. São terapeutas emocionais perfeitos, buscando sempre harmonizar o ambiente e melhorar o estado de espírito de seus tutores.

Ao falar sobre as almas dos animais, ele compartilha uma crença profunda: os cães têm alma, e se tratados com amor e respeito, após desencarnarem podem permanecer por até quatro anos com aqueles a quem eles dedicaram afeto. É uma forma de amenizar a dor da separação. Chico conta que ao longo de sua vida testemunhou relatos de emocionantes reencontros entre donos e seus cães. Mais adiante, compartilharei uma experiência dele com a cadela "Boneca".

Então o que há nos nossos amigos de quatro patas que nos faz sentir tão aconchegados e confusos? Ao longo de mais de uma década, pesquisadores de instituições renomadas, como a Universidade de Rostock, na Alemanha; a Universidade de Skövde, na Suécia; e a Universidade de Viena, entre outras, analisaram 60 estudos científicos. O resultado revelou que a convivência com cães, em resposta a interações físicas positivas, aumentou significativamente a liberação de ocitocina. Uma vez liberada, a substância traz muitos benefícios, incluindo redução do estresse e da ansiedade, diminuição da sensibilidade à dor, aumento da empatia, promoção de vínculo e comportamentos estimulantes e melhoria da autoconfiança. Todos esses efeitos podem fazer com que as pessoas se sintam mais calmas e felizes quando estão perto de seus amigos peludos.[22] Em resumo: nossos amigos são verdadeiros vínculos sociais via ocitocina.

Enrico Mossello, com outros pesquisadores da Universidade de Cambridge (Mossello; Ridolfi; Mello, 2011), realizou uma pesquisa bem interessante envolvendo portadores de Alzheimer em estágio grave e cães. Durante três semanas, os pesquisados conviveram com um cão de pelúcia, e outras três semanas com cães de verdade. O resultado mostrou que ao longo de três semanas de convivência com cães reais houve uma redução significativa da ansiedade e da tristeza, assim como as emoções positivas e a atividade motora aumentaram em comparação com a convivência com o cão de pelúcia. Assim, a presença de animais de estimação parece não apenas reduzir a ansiedade e a tristeza, mas também ter efeitos benéficos em condições médicas ainda pouco compreendidas, como o Mal de Alzheimer.

Uma pesquisa coordenada por Rebecca Purewal, da Universidade de Liverpool (Purewal *et al.*, 2017), menciona que a convivência de crianças com um animal de estimação fortalece a autoestima, expande o vocabulário, melhora a fala e proporciona uma forma de apego valiosa e consistente que pode ajudar a reduzir a ansiedade. Em resumo, a pesquisa sugeriu que, em geral, ter animais de estimação pode ser benéfico para o desenvolvimento emocional, cognitivo, comportamental, educacional e social de crianças e adolescentes.

Além da saúde mental, os donos de cães também se beneficiam do aumento das interações sociais decorrentes de passeios

---

22. Disponível em: https://www.frontiersin.org/journals/psychology/articles/10.3389/fpsyg.2012.00234/full Acesso em: 10 jul. 2024.

com seus cães, o que frequentemente resulta em conhecer mais vizinhos e outros proprietários de cães. A "tarefa" de passear com o cachorro várias vezes ao dia pode ser apenas o empurrão extra que alguns precisam para saírem de casa e conhecerem novas pessoas. Essas interações ajudam a enriquecer a vida delas e a reduzir o sentimento de solidão (Madeira, 2015).

As saúdes física e a mental estão frequentemente interligadas, portanto não é surpreendente descobrir que os animais de estimação melhoram também a saúde física. Isso ocorre porque quando as pessoas têm boa saúde mental, isso também beneficia aspectos de sua saúde física. Muitos dos benefícios de ter um animal de estimação afetam positivamente tanto a mente quanto o corpo. Algumas das vantagens físicas observadas entre os proprietários de animais de estimação incluem a redução da pressão arterial, a diminuição das respostas físicas ao estresse e até mesmo o aumento das chances de sobrevivência após um ataque cardíaco. Além disso, os passeios com os cães podem ajudar a melhorar e a manter a mobilidade, prevenir o ganho de peso e aumentar o tônus muscular.[23]

Pet e o suporte emocional

Atualmente, é comum encontrar cães acompanhando seus tutores na cabine em voos internacionais e nacionais sem estarem acondicionados em caixas de transporte. Isso inclui até mesmo raças maiores, como Golden Retrievers e São Bernardos. Esses cães desempenham o papel de apoio emocional para seus tutores.

No Brasil, o Projeto de Lei n.º 33/2022, que garante às pessoas com deficiências mental, intelectual ou sensorial o direito de entra-

---

[23]. Disponível em: https://www.thesprucepets.com/science-behind-why-pets-make-us-happy-7368492#citation-3. Acesso em: 10 jul. 2024.

rem em locais públicos ou privados na companhia de cães de apoio emocional, já foi aprovado pelo Senado e aguarda aprovação pela Câmara dos Deputados. Além disso, alguns estados já aprovaram essa medida e liminares concedidas pelo Poder Judiciário também têm garantido esse direito.

Um estudo recente e abrangente, publicado no *Human-Animal Interaction Bulletin* (Boletim de Interação Humano-Animal) (Hoy-Gerlach; Vincent; Scheuermann; Ojha, 2022), teve como objetivo avaliar como os animais de apoio emocional, como cães e gatos, podem ou não facilitar a recuperação da saúde mental e proporcionar benefícios relacionados para pessoas com doença mental grave. Foram coletados dados pré e pós-colocação dos participantes sobre depressão, ansiedade e solidão. Além disso, foram coletados dados de biomarcadores, como analitos de saliva para avaliar ocitocina, cortisol e alfa-amilase, antes e depois das interações com esses animais.

Os dados qualitativos foram coletados doze meses após a colocação. Observaram-se reduções significativas nas pontuações das escalas de ansiedade, depressão e solidão. Houve um padrão de aumento de ocitocina e de diminuição de cortisol após dez minutos de interação com esses animais. Os dados qualitativos indicaram que os participantes atribuíram suas melhorias na saúde mental e no bem-estar aos seus respectivos animais de apoio emocional, além de perceberem apoio na recuperação da saúde mental.

Inspiração animal

O reino animal sempre exerceu um fascínio especial em mentes criativas, inspirando artistas e escritores. Podemos ver essa conexão capturada em alguns registros fotográficos ao longo dos tempos. Clarice Lispector toca com a ponta dos dedos uma das patas de seu cachorro Ulisses. Maurice Sendak, autor de *Onde vivem os monstros* e do desenho animado *O pequeno urso*, abraça seu cão Herman. O Nobel de Literatura Ernest Hemingway compartilha sua mesa com uma garrafa de vinho e um de seus belos gatos. Tennessee Williams, autor de peças famosas, como *Gata em teto de zinco quente* e *Um bonde chamado Desejo*, é acompanhado pelo gatinho Sabbath, curioso com a piscina.

A escritora Virginia Woolf demonstra sensibilidade humano-canina em *Flush: uma biografia*, que narra a história pelos olhos de Flush, um Cocker Spaniel, da poetisa Elizabeth Barrett Browning. A partir desse ponto de vista canino, a autora consegue canalizar suas próprias reflexões emocionais e filosóficas. Em um dos trechos que expressam as inquietações do Cocker, lemos:

> À medida que as semanas se passavam, Flush sentia, de maneira cada vez mais acentuada, que havia entre os dois uma ligação, uma proximidade desconfortável e, portanto, emocionante; de modo que, se o prazer dele era a dor dela, o prazer dele deixava de ser prazer para transformar-se em tripla dor. A verdade dessa afirmação era comprovada todos os dias. Alguém abria a porta e assobiava para chamá-lo. Por que não sair? Estava ávido por ar e exercício; suas patas pareciam rígidas de tanto ficar deitado no sofá. Ele nunca se acostumara completamente ao cheiro de *eau-de-Cologne*. Mas não – apesar de a porta continuar aberta, não abandonaria a Senhorita Barrett. Hesitava até o meio do caminho em direção à porta e então voltava ao sofá. "Flushie", escreveu a Senhorita Barrett, "é meu amigo – meu companheiro – e me adora mais do que adora a luz do sol lá fora". Ela não podia sair. Estava acorrentada ao sofá. "Um passarinho em uma gaiola teria uma história de vida tão boa quanto a minha", escreveu. E Flush, a quem o mundo todo se abria, escolheu privar-se de todos os cheiros de Wimpole Street para ficar ao lado dela.

Chico Xavier tinha uma companheira inseparável, uma cachorra chamada Boneca. Sempre que ele chegava em casa, lá estava ela, esperando com euforia. Assim que o avistava, corria para ele, pulava em seu colo e enchia seu rosto de lambidas.

Chico, com seu jeito simples e bem-humorado, costumava dizer: "Ah, Boneca, estou cheio de pulgas!". E, como se entendesse o que ele dizia, Boneca começava a esfregar o focinho em seu peito, parecendo que realmente queria livrá-lo daquele incômodo.

O tempo passou, e a velhice trouxe suas marcas. Boneca adoeceu e, um dia, partiu. Chico, visivelmente abalado, envolveu o corpo do animal com todo o carinho no xale mais bonito que possuía e a enterrou no fundo do quintal, enquanto suas lágrimas silenciosas caíam.

Alguns meses depois, em uma visita a São Paulo, um casal de amigos, sabendo da tristeza de Chico, quis confortá-lo. Eles lhe trouxeram uma filhotinha que lembrava muito a velha Boneca. A pequena estava encolhida num cobertor, passando de colo em colo.

Assim que Chico entrou na sala, alguém colocou a cachorrinha em seus braços. A reação foi imediata: a filhote começou a se mexer inquieta e a lamber seu rosto, como se tivesse reencontrado um velho amigo. Chico, com aquele mesmo humor de sempre, disse: "Ah, Boneca, estou cheio de pulgas!". Então, a cachorrinha começou a procurar as supostas pulgas, fazendo exatamente o que Boneca fazia.

Os presentes, surpresos e emocionados, exclamaram: "Chico, é a Boneca! A Boneca voltou!"

Curiosos sobre como aquilo poderia ser possível, perguntaram a Chico o que ele achava. Com a tranquilidade que lhe era característica, ele respondeu:

"Quando a gente ama um animal de verdade e dedica a ele sentimentos sinceros, os espíritos amigos o trazem de volta para que não sintamos tanto a sua falta. A Boneca está aqui, sim. E está ensinando essa pequena os hábitos que eu tanto gostava."

E, com um olhar terno, ele concluiu: "Nós, humanos, temos a missão de ajudar os animais a evoluírem, assim como os anjos nos ajudam a evoluir. Quem maltrata um animal é alguém que ainda não aprendeu o verdadeiro significado do amor."[24]

---

24. Disponível em https://www.institutochicoxavier.com. Acesso em: 5 set, 2024.

Quem está ao sol e
fecha os olhos,
começa a não saber
o que é o Sol
E a pensar muitas coisas
cheias de calor.
Mas abre os olhos
e vê o Sol,
E já não pode
pensar em nada,
Porque a luz do Sol vale
mais que os pensamentos.

(Alberto Caeiro)

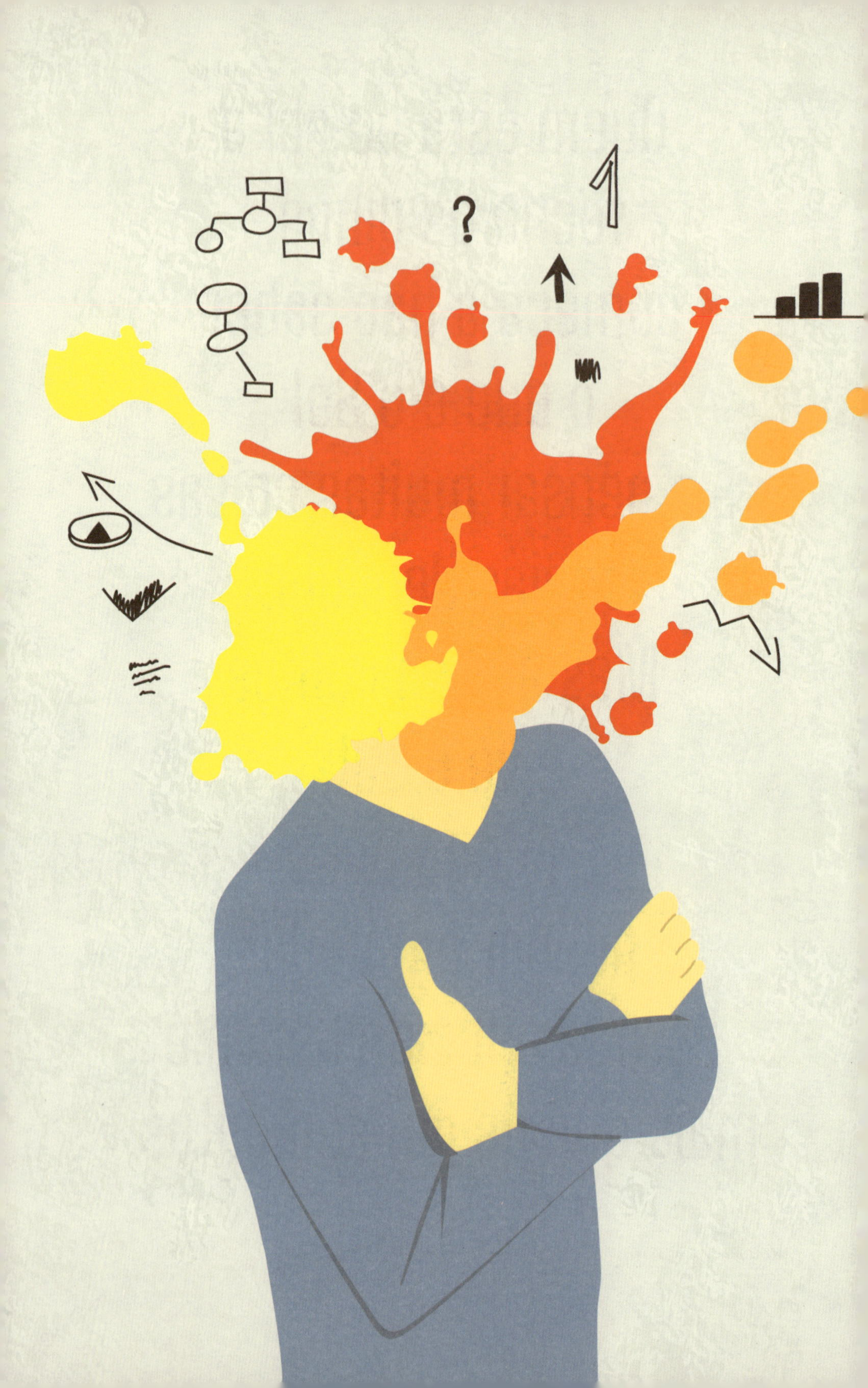

Capítulo 8

Pensando coisas cheias de calor

Aos 15 anos, um garoto chamado Jack Andraka teve uma ideia aparentemente impossível: desenvolver um teste de detecção de câncer de pâncreas superior aos existentes, mesmo aqueles criados por gigantes da indústria farmacêutica e renomados centros de pesquisa. Se Jack tivesse apenas sonhado com esse objetivo ambicioso, sua visão nunca teria se tornado realidade.

No entanto Jack não era do tipo que apenas imagina. Ele escreveu uma proposta detalhada para seu novo teste revolucionário, mas enfrentou uma avalanche de rejeições – inacreditáveis 199 negativas de diversos laboratórios. A maioria das pessoas teria desistido diante de tantas portas fechadas, mas Jack estava determinado.

Sua persistência valeu a pena quando, finalmente, o 200º laboratório, da conceituada Universidade Johns Hopkins, abriu suas portas para o visionário adolescente. Lá, Jack desenvolveu um teste de câncer de pâncreas que não apenas superou os existentes, mas os deixou para trás: era cem vezes mais preciso e incríveis 26 mil vezes mais barato. Sua invenção revolucionária tem o potencial de salvar dezenas de milhares de vidas. O recado é: imaginar o sucesso pode ser o início, mas é a persistência e a ação que fazem acontecer.

Por isso, neste capítulo fica mais explícita minha crítica em relação às psicologias de massa e à forma indiscriminada como as pessoas vêm se rotulando como autores de "besta"-sellers de "autoajuda", influenciadores e *coaches*, sem o menor embasamento e com uma bagagem vazia. E o pior, as psicologias de massa cerceiam uma das coisas mais valiosas que temos: o livre-arbítrio.

Tomando a Bíblia como referência, no Antigo Testamento, independentemente dos livros apócrifos, o maior "princípio" descrito é a escolha de Adão e Eva de comerem o fruto da árvore proibida e conhecerem os "pecados" humanos. Ora, milênios depois, não me parece razoável escravizarmos pensamentos e decisões por dogmas ou convenções sociais, desde que se respeite o "terreiro do vizinho".

Feita essa consideração, para alguns desnecessária, quantas vezes você já ouviu: "Pense diariamente em algo que você deseja muito que aconteça? Pode ser a casa dos seus sonhos, uma viagem a uma praia paradisíaca ou um trabalho melhor, ganhando mais. Todos os dias, imediatamente após se levantar, escreva esse sonho, fale em voz alta e acontecerá".

Enrique Tamés, filósofo e mestre em Educação com PhD em Inovação, atualmente diretor do Instituto de Felicidade e Bem-Estar no Tecmilenio, reforça o que já disse anteriormente: "Durante milhares anos, os homens sobreviveram não porque estavam atentos ao prazer, mas porque estavam atentos ao perigo. O ser humano foi desenhado geneticamente para ver perigo em tudo e prestar atenção nele. É por isso que temos o noticiário sempre cheio de notícias ruins, de desastres. Nossa natureza, ainda que tenhamos uma vida boa, diz que precisamos ter preocupações".

O problema de todas essas evidências terem vindo à tona, diz Tamés, é que virou moda falar de felicidade na sociedade e no meio corporativo. E modismos costumam usar fundamentos científicos apenas para comprovar suas teses. "Quando perguntaram a Sartre se ele estava contente pelo fato de o existencialismo estar na moda há algum tempo, ele disse que não. Por dois motivos: primeiro, porque moda passa. Segundo, porque quando é moda, qualquer idiota pode falar sobre o assunto".

Por esse motivo, Tamés defende que 95% dos textos sobre felicidade e bem-estar não estão baseados no que diz a ciência. "Essa moda começou na Inglaterra e foi para os Estados Unidos. Começamos a falar de *positive thinking*, como se o simples fato de pensar positivo fosse fazer as coisas darem certo. Mas não há nenhum fundamento que diga que pensar positivo irá resolver nossos problemas".

Concordo com Tamés: o simples ato de pensar positivo não é suficiente para fazer as coisas acontecerem. Penso como o escritor uruguaio Eduardo Galeano: "Somos o que fazemos, mas somos, principalmente, o que fazemos para mudar o que somos".

Recorro também a um dos registros históricos mais antigos de que temos conhecimento: a Bíblia. Jesus não passou os dias apenas pensando e falando em voz alta sobre os milagres que faria; ele agiu. Independentemente da crença nos milagres atribuídos a Jesus, quando analisamos a Bíblia como um documento histórico, fica claro que Jesus se dedicava diariamente à pregação e à prática de ensinamentos que influenciaram profundamente os princípios que deram origem ao cristianismo.

John, Paul, George e Ringo tinham um sonho ao baterem à porta da lendária gravadora Decca Records, mas foram recebidos com um sonoro "não". A justificativa? A visão de que grupos de guitarra estavam fora de moda e o futuro da banda era incerto. Eles, no entanto, mantiveram-se otimistas e continuaram batendo de porta em porta, até que finalmente uma se abriu, a da Parlophone Records. O que se seguiu todos sabemos: uma revolução cultural. Ainda bem! Como seria triste não ter *Here comes the sun* para inspirar novos amanheceres.

O pensamento positivo pode ser uma mediação para reencontrarmos o que queremos que aconteça. E se agirmos em conformidade com isso, podemos mudar a realidade ao nosso redor e a nós mesmos. O pensamento positivo é como um sonho, só que acordado. Ele nos ajuda a saber para onde queremos ir, mas o resultado depende de nossas decisões e de nossos esforços diários.

Penso com desejo ardente e acontece! Será?

A introspecção geralmente assume a forma de uma conversa interna, um diálogo consigo mesmo. A linguagem usada nessa conversa provavelmente afetará a maneira como o conteúdo mental é representado. O papel das categorias e estruturas linguísticas na construção das representações mentais de eventos, também conhecido como "modelo de situação", é bem estabelecido. Por exemplo, ler frases com o aspecto verbal perfectivo, em oposição ao imperfectivo (como "O menino caminhou até a loja" em oposição à frase "O menino estava caminhando até a loja"), leva a escolhas de imagens que representam a ação como concluída, em vez de estar em andamento. Além disso, descrever as ações passadas no imperfectivo, em contraste com o aspecto verbal perfectivo (por exemplo, "Eu estava resolvendo anagramas", em vez de "Eu resolvi anagramas"), ativa um conhecimento detalhado relevante para a ação, o que, por sua vez, aumenta a probabilidade de repetir a ação em um novo contexto. Portanto a estrutura linguística da fala interna pode influenciar a formação de intenções para realizar determinado comportamento.

Certas formas de perguntas e estruturas gramaticais podem influenciar nossos pensamentos e nossa motivação de maneira positiva. Por exemplo, fazer perguntas abertas em vez de simplesmente declarar algo, como "Eu vou?", em vez de "Eu vou!", pode nos deixar mais motivados. Isso é usado em terapias para ajudar as pessoas a pensarem sobre seus objetivos sem sentirem que estão sendo mandadas por outrem.

Perguntas retóricas também são poderosas. Elas fazem com que pensemos mais sobre os argumentos de uma mensagem e nos sentimos menos pressionados pelo emissor. No geral, perguntar algo como "Você pode passar o sal?" ao invés de "Me passa o sal?" é visto como mais respeitoso do que simplesmente ordenar, pois dá mais autonomia à pessoa que recebe a pergunta.

Keith Chen, professor de Economia Comportamental da Universidade da Califórnia, durante conferência na Universidade de Yale, compartilhou descobertas fascinantes sobre como a língua que falamos influencia nossas visões de presente e futuro e, consequentemente, influencia nossas escolhas e comportamentos. Chen relatou sua surpresa ao ver um mapa divulgado pela European Science Foundation, nos anos 1990, afirmando que várias regiões na Europa "não tinham futuro". Ele logo percebeu que os linguistas estavam se referindo à forma como as línguas dessas regiões tratavam o tempo futuro.

O professor destacou como a língua chinesa, por exemplo, força os falantes a fornecerem mais detalhes sobre as relações familiares do que o inglês. "Por exemplo, suponhamos que um grupo de amigos venha até você e diga: 'Você quer sair para jantar?'. Se você estivesse conversando em inglês poderia dizer: 'Seria ótimo, mas sinto muito, meu tio está de visita e amanhã vou sair para jantar com ele'. Mas se você estivesse conversando em chinês, seria forçado a incluir muito mais informação do que eu falei agora. Não existe uma palavra genérica para 'tio' em chinês. Você teria que especificar e seria forçado pela língua a dizer se é um tio por parte de mãe ou de pai, se ele é o irmão de um de seus pais ou se é um tio por casamento. Essa é uma característica muito fundamental da língua".

Essa diferença na forma como as línguas estruturam o tempo futuro levou os linguistas a categorizarem as línguas em "fraca-FTR" e "forte-FTR". As primeiras, como o chinês, tratam o futuro de forma semelhante ao presente, enquanto as segundas, como o inglês, fazem uma distinção mais clara entre os dois. De acordo com Chein:

> [...] famílias que falam línguas com distinção fraca entre presente e futuro têm 30% mais probabilidade de poupar em um determinado ano. Isso ocorre mantendo a renda constante. Elas terão acumulado 25% mais riqueza quando se aposentarem. Além disso, têm 24% menos chances de terem fumado muito. E não se trata apenas de comportamentos monetários, mas também relacionados à saúde: têm 13% menos chances de serem obesas, 24% menos chances de já terem fumado, e em quase todos os aspectos, estarão em melhores condições de saúde em longo prazo [...].[25]

Em poucas palavras, perguntas que colocamos a nós mesmos sobre um comportamento futuro podem inspirar pensamentos sobre razões autônomas ou intrinsecamente motivadas para perseguir um objetivo, levando uma pessoa a formar intenções correspondentes e, finalmente, a realizar o comportamento.

De fato, as pessoas são mais propensas a se envolverem em um comportamento quando têm motivação intrínseca (ou seja, quando se sentem pessoalmente responsáveis por sua ação) do que quando têm motivação extrínseca (ou seja, quando sentem que fatores externos, como outras pessoas, são responsáveis por sua ação) em diversos domínios, desde educação, tratamento médico e recuperação de vícios, até desempenho de tarefas.

A respeito disso, Ibrahim Senay, Dolores Albarracín (ambos da Universidade de Illinois) e Kenji Noguchi (Universidade do Sul do Mississippi) conduziram quatro experimentos para testar se os comportamentos e as intenções após a conversa interna interrogativa difeririam daqueles após a conversa interna declarativa. Os primeiros dois experimentos examinaram o efeito da conversa interna diretamente no comportamento, enquanto os dois últimos investigaram o impacto da conversa interna nas intenções.

---

25. Disponível em: https://www.youtube.com/watch?v=CiobJhogNnA. Acesso em: 10 jul. 2024.

No primeiro experimento, os estudantes receberam duas opções ("pensar em forma de pergunta" vs. "afirmação") e a medida de resultado foi o número de anagramas resolvidos corretamente em uma tarefa de resolução desses jogos. Os participantes foram instruídos a se prepararem para a tarefa de resolução de anagramas, tendo um minuto para decidirem se iriam trabalhar neles ou simplesmente afirmar que iriam fazê-lo. Após essa etapa, os participantes realizaram a tarefa de anagramas. Em seguida, eles foram questionados sobre o objetivo do estudo. Os resultados mostraram que os participantes que escolheram participar da resolução de anagramas resolveram significativamente mais anagramas do que aqueles que simplesmente afirmaram que iriam fazê-lo.

No segundo experimento, os participantes receberam quatro opções ("Eu vou?" vs. "Eu vou," vs. "Eu" vs. "Vou"). O número de anagramas resolvidos corretamente foi novamente a medida dependente. Os participantes foram informados de que os pesquisadores estavam interessados nas práticas de caligrafia das pessoas e foram solicitados a escrever repetidamente uma das palavras ou pares de palavras fornecidos. Em seguida, eles realizaram uma série de 10 anagramas da mesma maneira que no primeiro experimento. Os resultados demonstraram que aqueles que optaram pela forma "Eu vou?" conseguiram resolver os anagramas com maior eficácia.

No terceiro experimento, os estudantes receberam duas opções ("Eu vou?" vs. "Eu vou"). Em seguida, foram solicitados a relatar suas intenções de se exercitarem, escrevendo as atividades físicas planejadas para a próxima semana e o número de horas destinadas a cada uma. Os resultados revelaram que os participantes que escolheram a forma "Eu vou" planejaram dedicar mais horas à prática de exercícios físicos.

No quarto experimento, realizado após os três primeiros, os participantes foram solicitados a avaliar, em ordem de prioridade,

12 razões para se exercitarem. Seis dessas razões refletiam motivação intrínseca para o exercício (por exemplo, "Porque sinto que quero assumir a responsabilidade por minha própria saúde"), enquanto as outras seis refletiam motivação extrínseca para o exercício (por exemplo, "Porque me sentiria culpado ou envergonhado de mim mesmo se não o fizesse").

Os resultados indicaram que aqueles que responderam com a forma "Eu vou?" nos experimentos anteriores apresentaram maior motivação intrínseca. Além disso, a motivação intrínseca foi associada à intenção de praticar exercícios por mais horas.

Essa descoberta identificou que a conversa interna interrogativa é um importante motivador do comportamento direcionado a objetivos. Ela revela que a forma interrogativa utilizada na conversa interna pode induzir a um comportamento orientado a objetivos, da mesma maneira que o uso de perguntas interrogativas em aconselhamento de mudança de comportamento, mensagens persuasivas e solicitações comportamentais pode influenciar mudanças em comportamentos, atitudes e percepções, respectivamente.

Além disso, apesar de as pessoas poderem se envolver em conversas internas voluntariamente, os resultados indicam que a estrutura gramatical da fala interna também pode ser ativada de modo implícito. Essa descoberta de efeitos sutis sugere que simplesmente observar outra pessoa usando uma conversa interna interrogativa pode ser suficiente para produzir o mesmo efeito. Por exemplo, na psicoterapia, os clientes podem ser encorajados a praticar conversas internas interrogativas sobre comportamentos adaptativos e saudáveis como complemento às perguntas feitas pelo terapeuta.

Quando você questiona a si mesmo na conversa interna, seu cérebro se mobiliza para buscar soluções e argumentos que o levem em direção ao que você se perguntou. Por outro lado, quando você afirma com firmeza e repete, seu cérebro se acomoda e não se empenha da mesma forma em encontrar soluções para o que você deseja.

Se você estiver em dúvida do que se perguntar, Clarice Lispector pode ajudar com sua crônica *Sou uma pergunta* (reproduzi apenas algumas delas aqui):

> Por que se ama?
> Por que se odeia?
> Por que há o silêncio?
> Por que eu existo?
> Por que você existe?
> Por que há o erro?
> Por que se lê?
> Por que acendi o cigarro?
> Por que faço perguntas?
> Por que não há respostas?
> Por que quem me lê está perplexo?
> Por que a língua sueca é tão macia?
> Por que estou viva?
> Por que quem me lê está vivo?
> Por que escrevo?
> Por quê?
> É porque.
> Mas por que não me disseram antes?
> Por que adeus?
> Por que até o outro sábado?
> Por quê?

Uma pesquisa conduzida por Yannis Theodorakis, Roberto Weinberg e outros três pesquisadores, investigou a eficácia de diferentes estratégias de autoconversação motivacional (positiva) em comparação com a racionalização no aumento do desempenho em diversas tarefas motoras. Quatro experimentos de laboratório foram realizados para examinar o impacto dessas estratégias em quatro tarefas distintas.

Os experimentos envolveram um teste de precisão de futebol, um teste de serviço de *badminton* (um esporte semelhante ao tênis), um teste de resistência em exercícios de sentar e uma tarefa de extensão do joelho em um dinamômetro. Os resultados dos dois primeiros experimentos indicaram que apenas os participantes do grupo de pensamento estratégico (racionalização) melhoraram seu desempenho significativamente mais do que os grupos motivacionais. No terceiro experimento não foram observadas diferenças significativas entre os três grupos, embora todos tenham apresentado melhorias nos ensaios. Já os resultados do quarto experimento mostraram uma melhora significativa para ambos os grupos.

Tanto mais robusta a fantasia, quanto mais débil o raciocínio.

(Giambattista Vico)

Certa vez, fui convidado para participar de uma filosofia que propunha o desenvolvimento do potencial humano, promovendo em cursos temas discutidos e analisados dentro das esferas mentais, físicas e espirituais, em que o verbo era sentir. A filosofia em si é digna de aplausos ao seu criador e desenvolvedor. Todavia há alguns aspectos nos ensinamentos e nos exercícios dos cursos ministrados, em primeira mão, que são dignos de reflexão.

No curso, o orador ensina que tudo o que se deseja pode ser alcançado por meio de uma ferramenta "valiosa" chamada "tela mental". Por exemplo, se deseja adquirir a casa dos sonhos, deve-se entrar em um estado de respiração alpha, em que a frequência varia entre 7 e 14 ciclos por minuto, levando a um estado mental de relaxamento e meditação, fazendo a ponte entre a realidade e a fantasia; então, deve-se imaginar essa casa, sentir o cheiro da grama, projetar os quartos, a cor das paredes, os adornos decorativos, e assim alcançar-se-ia o objetivo.

Achei essa forma um tanto mágica, e como sempre fui muito questionador, fui interpelar o orador. Na oportunidade, ele disse que para a concretização da "tela mental" era necessário merecimento, e que isso eu veria nos cursos futuros. Típico dos cursos de psicologia de massa, que buscam despertar curiosidades para que você realize outro e outro curso.

O fato é que a pesquisa de Gabriele Oettingen, da Universidade de Nova Iorque, e Doris Mayer, da Universidade de Hamburgo, distinguiu duas formas de pensar o futuro: expectativas versus fantasias. Expectativas positivas (projetar o futuro desejado como provável e real) e fantasias positivas (experimentar os próprios pensamentos e imagens mentais sobre um desejo futuro positivamente).

O resultado dos estudos foi que as expectativas positivas refletem sucessos passados e sinalizam que o investimento no futuro será recompensado. Em contrapartida, fantasias positivas levam as pessoas a desfrutarem mentalmente o futuro desejado no aqui e agora e, assim, a refrearem o investimento e o sucesso no futuro. Dentro dos estudos, as expectativas positivas promoveram alto esforço e desempenho, enquanto fantasias positivas previram baixo esforço e desempenho. As análises de conteúdo mostraram que fantasias estão ligadas à idealização de um resultado futuro desejado também como o processo para se chegar lá e que a experiência de alta positividade gerada por pensamentos e imagens ocasiona pouco esforço e, consequentemente, pouco sucesso.

Ser otimista, o cérebro e o metabolismo

Quando estamos concentrados na realização de um determinado propósito que queremos alcançar, nosso sistema neurológico entra em ação por meio do cerebelo, que é responsável pela precisão dos movimentos, e do lobo parietal (parte do cérebro responsável pela atenção). Ao mesmo tempo, o que estamos processando já está em harmonia com o lobo temporal, que calculará todas as variáveis.

No que se refere ao coração, somos portadores de um sistema nervoso autônomo que regula também a frequência cardíaca, o qual tem duas partes: a simpática, ligada ao emocional e capaz de aumentar a frequência cardíaca, e a parassimpática, responsável por tarefas importantes, como digestão, recuperação metabólica e diminuição da frequência cardíaca.

Lembram-se da pesquisa de Yannis Theodorakis, Roberto Weinberg e outros cientistas no experimento do jogador de futebol? Então, no pensamento positivo puro e simples da forma como é colocada pela maioria dos autores, o cérebro entende que pode relaxar e não desempenha a função que deveria, enquanto o coração ativa predominantemente a parte simpática, ocasionando ansiedade.

Caro leitor, faço uma advertência necessária: há uma diferença clara entre ser otimista, entre o pensamento positivo como elemento motivador, ou seja, como uma mola propulsora para a realização de um propósito, e o pensamento positivo puro e simples apenas e tão somente como um desejo ardente.

Vou exemplificar usando uma partida de futebol. É normal que antes do jogo e no intervalo o técnico utilize palavras e faça exercícios de motivação. Afinal, ele precisa do engajamento, da energia e da potência do time. Todavia essa motivação, apenas pelo puro e simples pensamento positivo, sem que haja treinos, uma estratégia de jogo considerando o adversário e enfatizando os pontos de atenção, inevitavelmente conduzirá à derrota. Quem não se lembra da derrota do futebol brasileiro em Sydney, nas Olimpíadas de 2000, mesmo com os jogadores andando em brasas ardentes, enquanto gritavam "Brasil, eu posso!"?.

Pés, para que te quero se tenho asas para voar?

(Frida Kahlo)

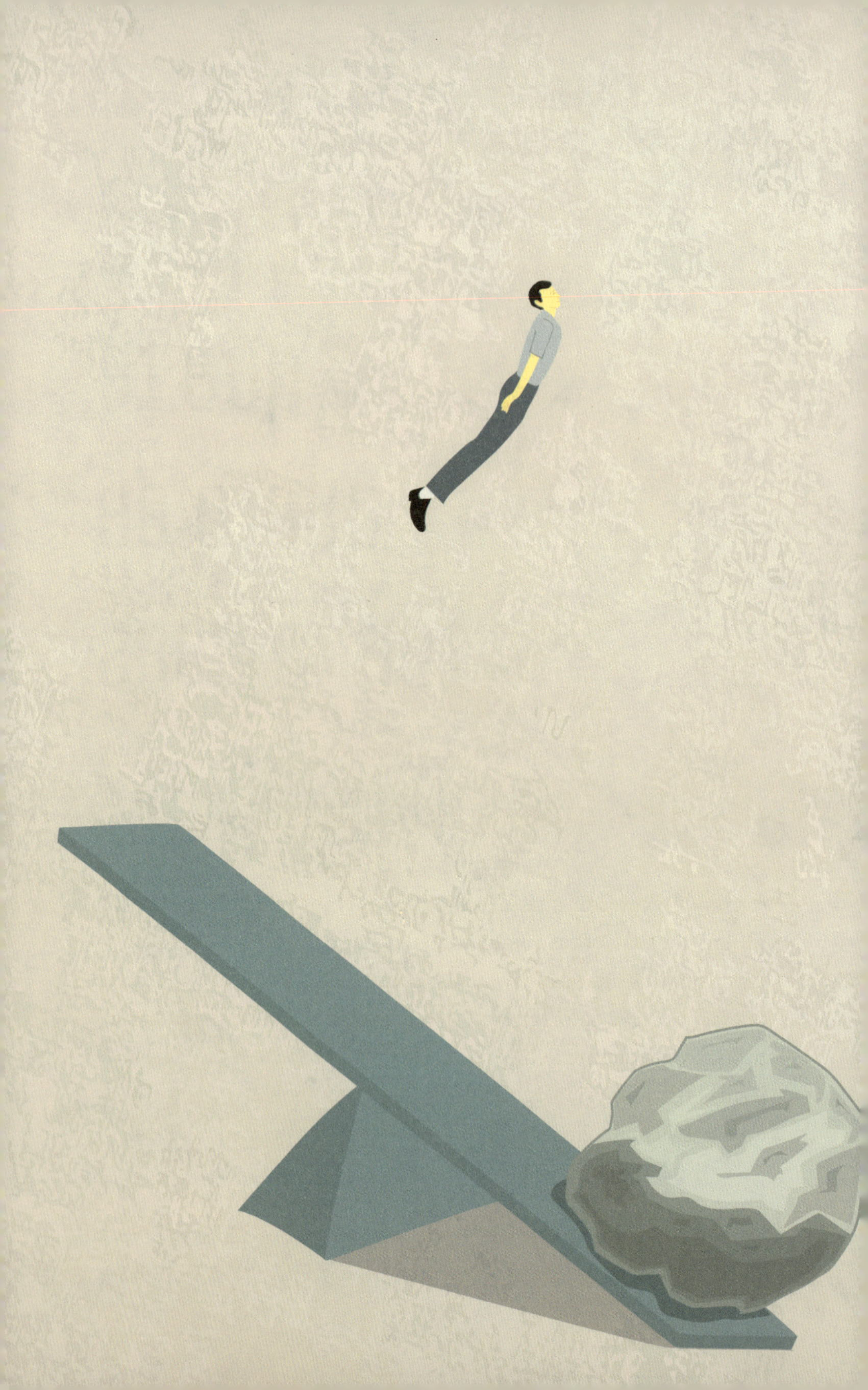

Capítulo 9

Motivação em tempos difíceis

A citação de Frida Kahlo pode parecer apenas mais uma frase bonita, mas ao conhecermos a história da pintora mexicana Frida Kahlo, conseguimos nos aproximar do que significou para ela ter de usar "suas asas". Aos 5 anos, Frida sofreu terrivelmente com uma poliomielite. Aos 15, em um acidente, teve ferimentos graves devido a uma barra de metal, que a perfurou do estômago até a pélvis, desencadeando uma vivência de dor e superação que marcaria sua história. As lesões provocadas pelo acidente exigiram intervenções cirúrgicas constantes, o uso de diferentes tipos de coletes e sistemas mecânicos para alongamento, impondo um sofrimento físico intenso, além da amputação de sua perna direita.

Apesar disso, ou com tudo isso, Frida encontrou na arte uma forma de expressar suas experiências e emoções mais profundas. Muitas de suas obras foram pintadas enquanto ela estava acamada, inspirada por suas vivências, abortos espontâneos e inúmeras operações. Seus autorretratos, que representam 55 de suas 143 pinturas, frequentemente incorporavam representações simbólicas de feridas físicas e psicológicas. Com sua arte, Kahlo canalizava a dor e a transformava em expressões visuais poderosas e autênticas.[26]

Fácil? Nem para Frida. Frases como "Tentei afogar minhas mágoas no álcool, mas as malditas aprenderam a nadar", "A dor

---
26. Disponível em: https://fridakahlo.it/. Acesso em: 10 jul. 2024.

é parte da vida e pode se tornar a própria vida", "Quem diria que manchas vivem e ajudam a viver? Tinta, sangue, odor... O que eu faria sem o absurdo e o fugaz?", traduzem um pouco da dor que caminhou ao seu lado. Ainda assim, Frida se tornou uma das grandes artistas do século XX.

Outra história bem inspiradora é a de Eddie Jaku, sobrevivente do Holocausto. Em seu livro *O homem mais feliz do mundo*, Eddie reflete acerca de suas experiências e fala abertamente sobre o poder do amor, da gratidão pela vida e pela oportunidade de evolução e da solidariedade em momentos de grandes desafios. Mais do que judeu, Eddie sempre havia se considerado alemão por ter orgulho do seu país natal, mas em novembro de 1938 tudo mudou: dez nazistas invadiram sua casa e o espancaram quase até a morte, além de fazê-lo presenciar a morte de sua cachorrinha de estimação e a queima de sua casa. Naquela noite, alcunhada de Noite dos Cristais, Eddie foi preso e levado a um campo de concentração. Dali em diante, por sete anos de sua vida, enfrentou diariamente horrores que só quem viveu o Holocausto é capaz de imaginar, nos campos de Buchenwald e Auschwitz e, por fim, na marcha da morte nazista.

Eddie perdeu família, amigos e o amor pelo seu país. A obra literária é rica e com grandes elementos de inspiração, reflexão e filosofia que contribuíram para a construção deste livro que vocês leem. O episódio que gostaria de retratar é um dos momentos mais difíceis, em que Eddie preferia estar morto, mas seu amigo Kurt impediu-o veementemente. O aprendizado veio neste trecho:

> Este foi o meu aprendizado mais importante: a maior coisa que fará é ser amado por outra pessoa. Gostaria de frisar bastante essa lição, em especial para os jovens. Sem a amizade, um ser humano está perdido. Um amigo é alguém que lembra a você de se sentir vivo.
> Auschwitz era um pesadelo real, um lugar de horrores inimagináveis. Sobrevivi porque devia ao meu amigo Kurt a

sobrevivência, viver mais um dia para poder vê-lo de novo. Basta um bom amigo para que o mundo ganhe um novo sentido. Um bom amigo pode ser um mundo inteiro (Jaku, 2021, p. 96).

Outro exemplo cuja força impressiona é a de Rabindranath Tagore. Poeta, escritor, músico, filósofo e artista indiano, Tagore foi o primeiro não europeu a receber o Prêmio Nobel de Literatura, em 1913, graças à sua coleção de poemas líricos Gitanjali. Mas por trás de sua genialidade literária, ele trazia perdas profundas.

Aos 14 anos, Tagore experimentou o luto pela primeira vez, quando perdeu sua mãe, uma mulher de grande sabedoria e espiritualidade, que exerceu uma influência duradoura sobre ele. Mais tarde, em 1902, ele enfrentou a tragédia novamente quando sua filha mais velha faleceu aos 13 anos. Esse golpe devastador inspirou alguns de seus poemas mais comoventes, nos quais ele expressou sua angústia e questionou os desígnios do destino. Mais tragédias seguiram, com a perda de seu filho mais velho, Samindranath, em 1907, e de sua esposa amada, Mrinalini Devi, em 1918.

Tagore foi capaz de transformar a dor em beleza transcendente. Seus poemas, contos e ensaios refletem uma compreensão profunda da condição humana. O mundo ainda o inspirava:

> Para quem sabe amá-lo, o mundo de sua máscara de infinito torna-se pequeno como uma canção, como um beijo do Eterno.
> Existo... que perpétua surpresa é a vida!
> Lemos mal o mundo e logo dizemos que o mundo nos engana.
> Quantas barricadas o pensamento do homem ergue contra si próprio.
> Se lanço minha própria sombra no caminho, é porque há uma lâmpada em mim que não se acendeu...

Como eu, talvez você esteja se perguntando: como é possível superar situações tão difíceis e seguir adiante, como Eddie Jaku? O médico húngaro-canadense Gabor Maté, reconhecido por sua abordagem em temas como vício e cujos prêmios ocupariam mais da metade desta página, diz que o "trauma não é o que acontece com você, mas dentro de você". Essa é uma diferença fundamental porque se o trauma fosse apenas o que nos aconteceu não haveria possibilidade de mudança.

Se o trauma se resumisse, por exemplo, ao abuso na infância, ele definir-nos-ia para sempre. Maté diz que o trauma pode ser resultado não apenas do que acontece conosco, mas também do que deveria ter acontecido e não aconteceu. Quando nossas necessidades básicas não são atendidas, isso também pode ferir profundamente, mesmo que não haja feridas visíveis. A saída, diz o médico, é, se entendermos o trauma como a ferida interna que sofremos e o significado que atribuímos a ela, perceber que essa ferida pode ser restaurada. "Essa é uma lição importante que continuo aprendendo: podemos transformar a maneira como nos relacionamos com o trauma e, assim, com a própria vida",[27] afirma Maté.

Sob outra perspectiva, no best-seller *A ciência da felicidade*, Luiz Gaziri, citando Sonja Lyubomirsky, pesquisadora e professora de Psicologia da Universidade da Califórnia (EUA), diz que embora os eventos da vida exerçam influência sobre nossa felicidade, a maior parte dela depende de nossas próprias ações e atitudes.

Em entrevista ao Portal da Ciência da Universidade Federal de Lavras, Lyubomirsky explica que "felicidade não é ausência de tristeza, pois a dor e o sofrimento fazem parte da experiência humana". Segundo ela, a grande questão é como enfrentar as adver-

---

27. Disponível em: https://youtube.com/watch?v=nmJOuTAk09g. Acesso em: 10 jul. 2024.

sidades impostas pela vida. Para isso, é preciso considerar nosso poder de resiliência, que

> [...] é a capacidade de superar as adversidades da vida, transformando experiências negativas em aprendizado e oportunidade de crescimento. Quando passamos por uma perda e vivenciamos o processo de luto, por exemplo, essa experiência nos fortalece para enfrentarmos outras perdas que acontecerão ao longo da vida.

Um exemplo de resiliência é a história da ativista paquistanesa Malala Yousafzai. Em outubro de 2012, um ônibus escolar, transportando jovens estudantes paquistanesas para suas casas após mais um dia de aula, foi alvo de um ataque por membros do Talibã. O motivo? Uma das passageiras, a jovem Malala, então com apenas 15 anos, havia se destacado por sua defesa veemente do direito à educação para meninas. O ataque deixou Malala gravemente ferida, com um tiro na cabeça.

Sobrevivendo ao atentado que chocou o país, ela foi rapidamente levada para fora do Paquistão com sua família, buscando segurança no Reino Unido. Apesar da terrível lesão cerebral, os médicos conseguiram remover a bala, e após um período de recuperação, Malala demonstrou sua resiliência ao retornar à escola, completar seus estudos secundários e seguir sua jornada universitária.

Além de resiliência, outro recurso importante é a adoção de uma mentalidade de crescimento, como defendida pela neurocientista Carol Dweck. Aqueles que acreditam que suas habilidades e seus traços podem ser desenvolvidos tendem a persistir diante de desafios, em vez de desistirem facilmente. Essa perspectiva é corroborada por estudos na área da psicologia positiva, que sugerem que manter uma atitude agradável e acolhedora ajuda a conectar as pessoas e fortalecer os laços sociais, o que, por sua vez, pode ser uma fonte de motivação e apoio em tempos difíceis.

Parafraseando o Pe. Fábio de Melo, o fato, caro leitor, é que a vida é como um livro aberto. Faço um convite para você se recordar de seu primeiro livro. Sempre que estou em momentos desafiadores, eu me recordo dos meus, principalmente o de matemática. Com ele, aprendi que a experiência dos erros é mais importante do que a dos acertos, porque, visto de um jeito certo, eles nos preparam para as conquistas e vitórias futuras, pois não há aprendizado que passe inerte à experiência dos erros. Quando eu errava insistentemente as somas, a professora Soninha me convidada a virar a página e, ali, eu percebia que os meus erros eram menores do que os da página anterior e que até havia certa graça nos erros que, naquele momento, eu não conseguia superar.

Já no segundo colegial (atual ensino médio), eu tinha certeza de que seguiria pelas ciências jurídicas na Faculdade de Direito de Franca e não precisaria me dedicar com tanto afinco às ciências exatas. A compreensão da física era o meu maior ponto de dificuldades e erros. Em uma alternativa, a princípio cômoda, cometi o meu maior erro escolar: trocar de provas com meu irmão gêmeo, João José, que já era um físico nato e extremamente habilidoso com exatas – faço uma advertência necessária de que ele é habilidoso com quase tudo. O fato é que nossa farsa não deu certo e fomos descobertos. O professor me deu nota zero e fui para recuperação, pela primeira e única vez, na primeira e única vez em que "colei".

Senti-me muito culpado e envergonhado por não ter sido honesto, principalmente comigo. Meus pais sempre nos deram valores raros e sólidos e nos ensinaram a arcarmos com as consequências de nossas próprias escolhas, sem qualquer intervenção. Em um primeiro momento, meu erro foi uma fonte de autocastigo e punição e me paralisou. Sim, se os erros são fontes de culpas e castigos, eles nos paralisam e nos impedem de seguirmos adiante no constante processo de evolução e aprendizagem.

O fato é que eu tinha uma prova de recuperação para fazer e o professor havia dito que me reprovaria como punição. Com o auxílio do João José, consegui entender verdadeiramente a lógica por trás dos números. Ele me disse que eu era habilidoso com as 26 letras do alfabeto, que se formariam em infinitas progressões aritméticas, e que os 10 números não seriam mais complexos. Ele estudou comigo enquanto eu tinha dúvidas, ensinou-me a pensar os números por intermédio da minha facilidade com as letras. Passei na prova, à revelia da vontade do professor, que manifestou expressamente sua intenção para toda a sala de aula.

O fato é que, ao trocar o sentimento de culpa e vergonha por arrependimento, o erro passou a estar a serviço do meu aprendizado e me catapultou no processo de evolução tanto da física quanto mental, mostrando que eu era capaz de vencer minhas dificuldades. Hoje, perco-me no tempo em análise de planilhas e fórmulas financeiras.

É sempre preciso ver além do horizonte. Em tempos difíceis, em um mar fremente, ou você se afoga ou nada. Nadar significa uma possibilidade de viver. Como disse o filósofo alemão Friedrich Nietzsche: "Aquele que tem um porquê para viver pode suportar quase qualquer como".

Então você tem desafios e derrotas temporárias? Isso é bom! Por quê? Porque as vitórias repetidas sobre as derrotas temporárias são os degraus da escada do sucesso. A cada vitória você cresce em sabedoria, estatura e experiência. Torna-se uma pessoa melhor, maior e mais bem-sucedida cada vez que encontra e lida com um desafio e uma derrota temporária.

Pare e pense por um momento. Você conhece um único caso em que tenha havido qualquer conquista real na sua vida, ou na vida de qualquer pessoa na história, que não se deva a um desafio enfrentado?

Todos têm seus desafios. Isso porque você e tudo no universo estão em constante processo de evolução. A evolução é uma lei natural inexorável.

O que é importante para você é que seu sucesso ou fracasso em enfrentar os desafios da mudança dependem de sua decisão de analisá-la como uma derrota temporária ou como uma perda.

Você pode direcionar seus pensamentos e controlar suas emoções; portanto regular a sua atitude. Pode escolher se sua atitude será positiva ou negativa. Pode decidir se vai relacionar, usar, controlar ou harmonizar as mudanças em si mesmo e no seu ambiente. Pode ordenar seu destino. Quando enfrenta os desafios da mudança, pode resolver de modo inteligente cada problema com o qual é confrontado.

Você sabe quais são os seus porquês?

Perdas necessárias

Por que é tão difícil errar, mesmo sendo o erro uma parte inevitável da experiência humana? Desde os primeiros passos que damos na infância até os desafios que enfrentamos na idade adulta, o medo do fracasso pode nos paralisar e nos impedir de perseguir nossos objetivos. Mas por que o fracasso nos afeta tão profundamente? O que acontece em nosso cérebro? E como podemos superar o medo do fracasso para alcançar nosso pleno potencial?

No cérebro humano, o fracasso desencadeia uma série de reações que influenciam nossa percepção e nossa resposta aos contratempos. Estudos neurocientíficos revelam que quando enfrentamos situações adversas, como o fracasso, a amígdala cerebral, uma região responsável pelo processamento das emoções, entra em ação. Ela interpreta o fracasso como uma ameaça, desencadeando a liberação de hormônios do estresse, como o cortisol.

Ao mesmo tempo, o córtex pré-frontal, área do cérebro associada à tomada de decisões e ao pensamento racional, passa por alterações. Pesquisas lideradas pelo professor da University of California

Matthew Lieberman, autor do best-seller *Social: why our brains are wired to connect*, e pela pesquisadora-chefe de neurociência social da mesma universidade, Naomi Eisenberger, destacam que o córtex pré-frontal fica mais ativo quando experimentamos dor social, uma sensação frequentemente associada ao fracasso ou à rejeição. Essa interação complexa entre respostas emocionais e cognitivas constitui a base neurobiológica de como nosso cérebro reage diante do fracasso.

Contrariando a ideia de que o fracasso é um beco sem saída, a neurociência contemporânea argumenta que o cérebro é notavelmente adaptável. A plasticidade neural, que é a capacidade do cérebro de se reorganizar formando novas conexões, desempenha um papel fundamental nessa adaptação. Estudos liderados pela neurocientista Carol Dweck sugerem que pessoas com uma mentalidade construtiva, que veem desafios como oportunidades de aprendizado e crescimento, apresentam maior plasticidade neural.

A dopamina, conhecida como o neurotransmissor do "bem-estar", também tem um papel importante na neurociência do fracasso. Pesquisas, como as conduzidas pelo neurocientista Wolfram Schultz, indicam que os níveis de dopamina aumentam não apenas em resposta a recompensas, mas também durante a antecipação delas. Assim, ao mudarmos nossa perspectiva sobre o fracasso e encará-lo como uma oportunidade de melhoria, nosso cérebro responde liberando dopamina, proporcionando um impulso motivacional para enfrentar desafios.

Superar o medo do fracasso é o começo da jornada para nosso desenvolvimento pessoal e profissional. Estudos ressaltam que a resposta da amígdala ao fracasso está diretamente ligada ao nosso medo inato de julgamento e de exclusão social. Ao reformularmos nossos pensamentos sobre o fracasso, podemos modular a atividade da amígdala e reduzir esse medo. Além disso, práticas meditativas desempenham um papel importante. A pesquisa da neurocientista Mary Helen Immordino-Yang sugere que a meditação ativa áreas específicas do cérebro associadas à autoconsciência e à introspecção, facilitando a transformação do fracasso em uma valiosa experiência de aprendizado.

As pesquisas também mostraram que compartilhar experiências de fracasso com pessoas que nos apoiam ativa áreas do cérebro relacionadas à confiança e ao vínculo social, fornecendo um amortecedor neurobiológico contra o custo emocional do fracasso.

Um estudo conduzido em 2016 por Xiaodong Lin-Siegler, pesquisador de estudos cognitivos do Teachers College, da Universidade de Columbia, revelou que as notas de ciências dos alunos do ensino médio melhoraram depois que eles aprenderam sobre as lutas pessoais e intelectuais de cientistas renomados, como Albert Einstein e Marie Curie. Por outro lado, os alunos que aprenderam apenas sobre as conquistas desses cientistas viram suas notas declinarem.

Inspirado por esses resultados, o Teachers College anunciou a criação do Centro Interdisciplinar de Educação para Persistência e Inovação, com o objetivo de reunir pesquisadores de diversas áreas acadêmicas e países para explorar como o fracasso pode ser um trampolim para o aprendizado e para o sucesso.

A pesquisa sobre o papel do fracasso como motivador ainda está em desenvolvimento, mas há evidências sugerindo que aprender sobre os fracassos de pessoas bem-sucedidas pode ser inspirador. No entanto, para que o fracasso seja construtivo, é preciso que os educadores e os pais incentivem os alunos a refletirem sobre o que deu errado e a buscar melhorias. O estudo de Lin-Siegler também destaca um problema fundamental: muitas crianças veem o fracasso como algo terrível e o sucesso como algo inalcançável. Muitos alunos acreditam que o sucesso é resultado apenas de talento natural, o que pode desmotivá-los quando enfrentam dificuldades.

O fracasso, por natureza, é uma experiência dolorosa. Pode abalar nosso senso de perfeccionismo e nos deixar desorientados na busca pelo sucesso. No entanto o que realmente aprendemos com o fracasso? Em poucas palavras: muito mais do que imaginamos.

Viktor Frankl, sobrevivente dos horrores nazistas, afirmou: "Quando não podemos mudar uma situação somos desafiados a mudar a nós mesmos". Esta talvez seja a maior lição do fracasso: a capacidade de transformação pessoal. Nas palavras dele: "Quando enfrentamos uma provação insuperável, capaz de derrubar todas as defesas da alma humana, então, com a derrocada inevitável das defesas mentais, abre-se a entrada para um aumento imensurável da visão interior e da consciência".

Eis algumas virtudes que o fracasso pode nos ajudar a desenvolver:

Resiliência – do latim *resilio*, que remete a "voltar" ou "saltar para trás", tem sua aplicação mais associada ao termo inglês *resilient*, significando "elástico" ou "que se recupera rapidamente". Em síntese, é a habilidade de retornar a um estado anterior de forma ágil, como uma mola ou um elástico. Na psicologia, resiliência é a capacidade de adaptação e recuperação diante de adversidades, estresse, trauma ou dificuldades, demonstrando uma atitude positiva, aprendizado com experiências e fortalecimento após superar obstáculos significativos.

Humildade – nosso ego pode ser sensível e, muitas vezes, cresce desmedidamente. O fracasso nos mantém humildes, lembrando-nos de que sempre há espaço para aprender e crescer. André Comte-Sponville, em *O pequeno tratado das grandes virtudes*, afirma: "Não é a ignorância do que somos, mas, ao contrário, conhecimento ou reconhecimento de tudo o que não somos".

Flexibilidade – mesmo os planos mais bem elaborados podem ser interrompidos pelo fracasso, que nos ensina que precisamos ser flexíveis, ajustando nossos objetivos e estratégias conforme necessário. A flexibilidade nos permite superar obstáculos, usar a mudança a nosso favor e manter uma mentalidade construtiva.

Inovação e criatividade – assim como a flexibilidade, a inovação e a criatividade podem surgir das lições do fracasso. O exemplo de Thomas Edison, que precisou de milhares de tentativas para aperfeiçoar a lâmpada, destaca como a inovação requer tempo, repetições e falhas.

Aquilo que não me mata me fortalece

Essa famosa frase de Nietzsche sobrevive aos séculos, como se ele cochichasse em nossos ouvidos: "Você pode mais do que pensa", afinal, temos a capacidade de resistir e crescer diante das adversidades. Longe de glorificar o sofrimento, o filósofo alemão sugere que podemos extrair sabedoria e força dos desafios que enfrentamos.

Nos primeiros anos do século XX, em um bairro pobre da Bahia, um garoto franzino apanhava frequentemente de um menino mais velho e forte. Até que um velho africano, que sempre assistia à cena, convidou o menino para aprender capoeira, uma prática então proibida pelo governo de Getúlio Vargas. O garoto era mestre Pastinha, que não só deu uma lição em seu oponente como seguiu jogando até os últimos anos de vida, tornando-se o grande nome da capoeira de Angola no Brasil e em várias partes do mundo.

Essa história é uma entre tantas que conhecemos de pessoas que fizeram de um fracasso ou dificuldade uma grande vitória. Além do que já disse, o primeiro passo para aprender com nossas falhas é abandonar o julgamento. Os erros são ferramentas valiosas quando reconhecidos e aproveitados como oportunidades de crescimento, evitando-se repeti-los no futuro. Assim, podemos nos orgulhar não apenas de quem nos tornamos após superar obstáculos, mas também de construir sobre os alicerces daqueles que nos precederam.

O ex-cirurgião infantil Décio Oliveira Jr., em seu livro *Emma, emma, emma, cada um no seu quadrado*, baseado na abordagem sistêmico-fenomenológica, utiliza a construção de catedrais como metáfora para essa ideia: essas obras-primas arquitetônicas levaram séculos para serem concluídas, com cada geração aproveitando o trabalho e os aprendizados das anteriores, inclusive seus erros. Se cada geração tivesse julgado e rejeitado o trabalho de seus antecessores, essas magníficas estruturas nunca teriam sido finalizadas.

Nassim Taleb, matemático e estatístico, além de renomado professor de Engenharia de Riscos na Universidade de Nova York, aborda, em sua obra *Antifrágil: coisas que se beneficiam com o caos*, como se comportar e prosperar em um mundo cheio de imprevistos. A mensagem de Taleb é intrigante: "O que não é antifrágil certamente sucumbirá".

De acordo com Taleb, a resiliência pode ser insuficiente. Ele argumenta que o oposto de ser frágil não é ser robusto ou resiliente, mas ser antifrágil – uma condição na qual se supera a incerteza sem ser destruído por ela. Para Taleb, o ideal é aproveitar o caos para evoluir, tornando a incerteza não apenas desejável, mas necessária. Além disso, uma pessoa antifrágil está imune a erros de previsão e protegida contra eventos adversos.

A grande lição do livro é ser como a Hidra de Lerna: algo que se beneficia da crise e se fortalece nas adversidades. Quanto mais exposta a condições de estresse, mais essa pessoa se fortalece. Alguém que se beneficia do inesperado e das situações negativas, pois isso contribui para seu crescimento.

A Hidra de Lerna, da mitologia grega, é uma criatura semelhante a uma serpente que vive no lago de Lerna, perto de Argos, e tem inúmeras cabeças. Cada vez que uma cabeça é cortada, duas novas surgem em seu lugar. A Hidra, portanto, fortalece-se com o dano. Taleb usa essa metáfora para ilustrar a antifragilidade, em que o dano e o estresse resultam em um fortalecimento contínuo.

Não quero ser feliz. Quero é ter uma vida interessante.

(Contardo Calligaris)

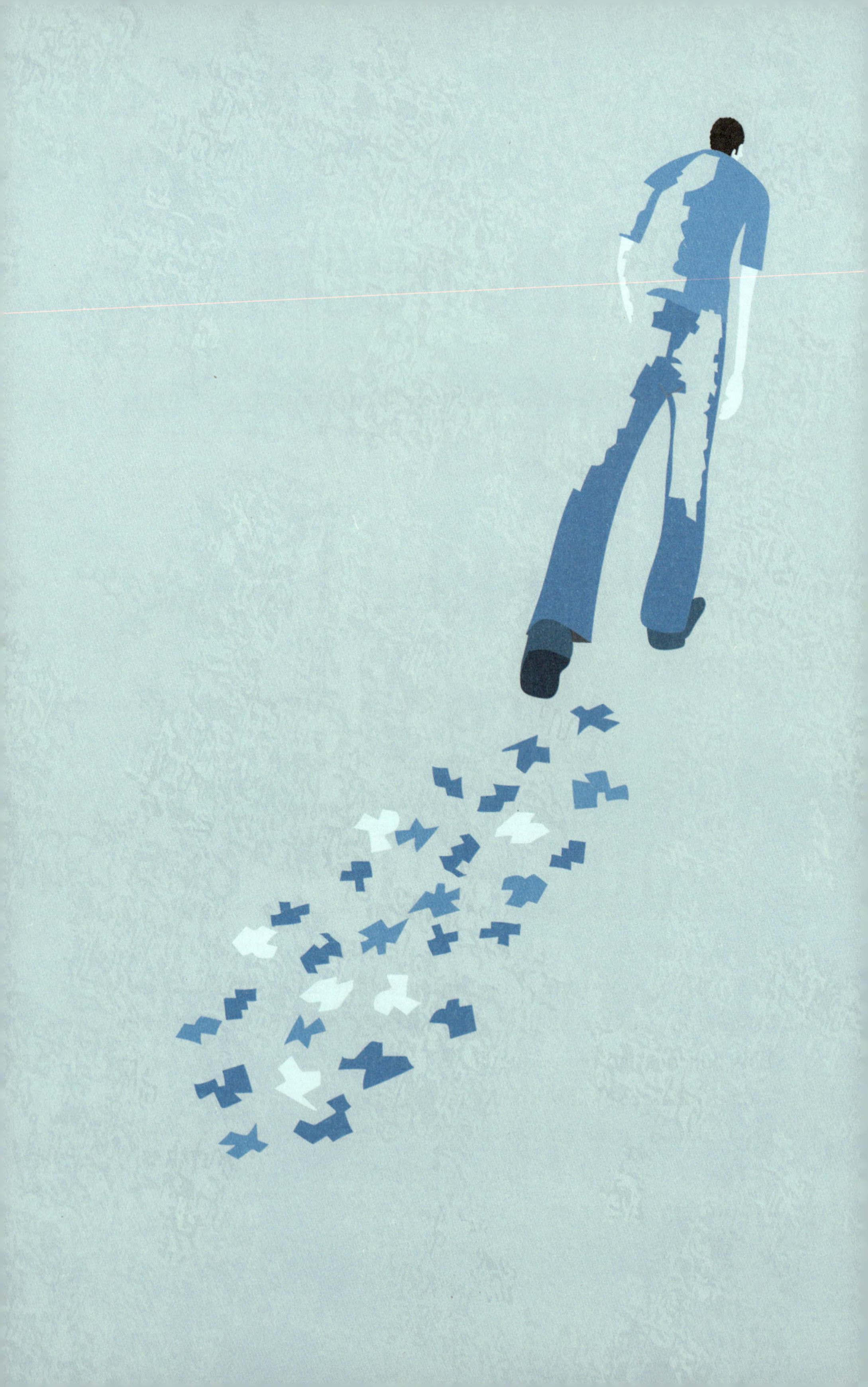

Capítulo 10

Causas da infelicidade

Só se conhece a felicidade tendo experimentado e vivido a infelicidade. São um tanto quanto hipócritas afirmações de que não se passa por momentos de infelicidade crônica. Nesse sentido, o psicanalista Contardo Calligaris foi muito assertivo ao dizer:

> [...] ter uma vida interessante significa viver plenamente. Isso pressupõe poder se desesperar quando se fica sem alguma coisa que é muito importante para você. É preciso sentir plenamente as dores: das perdas, do luto, do fracasso. Eu acho um tremendo desastre esse ideal de felicidade que tenta nos poupar de tudo o que é ruim.

A felicidade crônica da vida real não é a descrita no livro *Alice no país das maravilhas*. São os momentos de infelicidade que constroem a felicidade. E precisamos vivê-los genuinamente. Claro, não se trata de dar a eles uma importância maior do que realmente têm.

"Duas velhinhas estão numa estância de férias. Uma diz: 'A comida aqui é absolutamente horrível'. A outra responde: 'Sim. E as porções são tão pequenas'. É assim que me sinto em relação à vida. Cheia de solidão, infelicidade, sofrimento e desgostos, e acaba tão depressa", lamenta Woody Allen, com seu pessimismo característico. O filósofo suíço Alain de Botton mostra que o cineasta não está só em sua percepção sobre a vida: "Há poucas coisas a que os seres humanos se dedicam mais do que à infelicidade".

Motivos para nossa aderência a uma vida infeliz – como já vimos anteriormente e como Botton admite – não faltam. Lidamos com a vulnerabilidade do corpo, das relações, com a finitude da nossa existência e da de quem amamos etc. Além dessas razões, porém, há outra que Botton, em consonância com a teoria psicanalítica, aponta: não estamos em busca de felicidade. Sim, você leu certo. No íntimo, o que realmente desejamos é familiaridade.

A psicanalista, psicóloga, escritora e professora da FAAP, Maria Homem, fala de um "eu contra si mesmo" e nos convida a observar como repetimos padrões de comportamento que nos causam sofrimento, embora, paradoxalmente, possamos encontrar alguma satisfação em nossas próprias angústias diante do conflito existente entre nossos ideais vs. impulsos funcionais vs. expectativas impostas pela família ou sociedade.

Em seu livro *O curso do amor*, Botton explica que, inconscientemente, tentamos recriar em nossas vidas adultas os mesmos padrões e sentimentos experimentados na infância, mesmo que esses sentimentos nem sempre tenham sido de ternura e afeto. Buscamos pessoas – e outras situações também – não porque acreditamos que seremos mais felizes, mas porque, de modo inconsciente, desejamos que elas, ao nos frustrar, façam com que nos "sintamos em casa".

Finitudes

> *Que há entre a vida e a morte? Uma curta ponte. Não obstante, se eu não compusesse este capítulo, padeceria o leitor um forte abalo, assaz danoso ao efeito do livro. Saltar de um retrato a um epitáfio pode ser real e comum; o leitor, entretanto, não se refugia no livro, senão para escapar à vida. Não digo que este pensamento seja meu; digo que há nele uma dose de verdade, e que, ao menos, a forma é pitoresca. E repito: não é meu.*
>
> (Machado de Assis, *Memórias póstumas de Brás Cubas*)

Uma das maiores causas de infelicidade é o medo da morte. O suplício terrível do medo da morte pode ser atribuído ao fanatismo religioso. Os chamados "pagãos" não têm tanto medo da morte quanto os doutrinados sob a influência da teologia. O medo apavorante do "julgamento final".

Há centenas de milhares de anos o homem faz perguntas ainda não respondidas: "De onde vim?", "Para onde vou?". A verdade é que nenhum homem sabe e jamais soube como é o inferno ou o céu, ou se tais lugares existem, e essa falta de conhecimento definitivo abre a porta da mente humana para charlatões entrarem e assumirem o controle com seu variado arsenal de truques e trapaças, enganação e fraude.

A verdade é, nada mais, nada menos, a seguinte: nenhum homem sabe, nem jamais soube, de onde viemos ao nascer ou para onde vamos ao morrer. Qualquer um que afirme o contrário está enganando a si mesmo ou é um impostor consciente que faz disso um meio de vida sem um trabalho de valor, jogando com a credulidade da humanidade.

Contudo seja dito a favor deles que a maioria dos envolvidos na "venda de ingressos para o céu", de fato acredita não só saber onde fica o céu como também que seus credos e suas fórmulas dão passagem segura para todos que os abracem.

Será que o conhecimento, a sabedoria ou a fé têm o poder de dissipar por completo a angústia que a maioria de nós experimenta diante da nossa própria finitude e da finitude daqueles que amamos?

Maria e Marta se desesperaram ao ver o irmão delas, Lázaro, gravemente doente. Pediram para chamar Jesus, confiantes em seu poder de cura. Porém a doença de Lázaro se agravou rapidamente e antes que Jesus chegasse ele morre. Ao encontrar Maria e Marta profundamente abaladas pela perda do irmão, Jesus não consegue conter suas próprias lágrimas. Então Ele ordena que a pedra que fecha o sepulcro de Lázaro seja removida e um milagre acontece diante dos olhos incrédulos das pessoas ali presentes: Lázaro, que havia partido deste mundo, é trazido de volta à vida pelo toque divino de Jesus. Ele emerge do túmulo, ainda envolto nas vestes do funeral, enquanto as testemunhas se enchem de assombro e gratidão.

Marta, Maria e Lázaro são representações da condição humana marcada pela mortalidade, explica frei Jacir de Freitas Farias, doutor em Teologia Bíblica, em seu artigo *Jesus não ressuscita Lázaro, mas o amor que morreu por falta de amor*.[28] Para Farias, ao se apresentar como a ressurreição, Jesus transcende essa condição humana e demonstra que nele a vida não é apenas física, mas espiritual e eterna. A ressurreição de Lázaro, portanto, não é apenas um evento físico, mas um símbolo do poder transformador do amor de Jesus sobre a morte. E para além disso, coloca Jesus na condição de humano, com o medo da morte, do passamento.

Santo Agostinho, um dos mais influentes filósofos e teólogos cristãos, poeticamente nos convida a conhecer essa possibilidade de manter vivos aqueles que amamos e de nos mantermos vivos em quem nos ama:

> A morte não é nada. Eu somente passei para o outro lado do Caminho. Eu sou eu, vocês são vocês. O que eu era para vocês, eu continuarei sendo. Me deem o nome que vocês sempre me deram, falem comigo como vocês sempre fizeram. Vocês continuam vivendo no mundo das criaturas, eu estou vivendo no mundo do Criador. Não utilizem um tom solene ou triste, continuem a rir daquilo que nos fazia rir juntos. Rezem, sorriam, pensem em mim. Rezem por mim. Que meu nome seja pronunciado como sempre foi, sem ênfase de nenhum tipo. Sem nenhum traço de sombra ou

---

28. Disponível em: https://www.ihu.unisinos.br/627343-jesus-nao-ressuscita-lazaro-mas--o-%20amor-que-morreu-por-falta-de-amor-jo-11-1-54. Acesso em: 10 jul. 2024.

tristeza. A vida significa tudo o que ela sempre significou, o fio não foi cortado. Porque eu estaria fora de seus pensamentos, agora que estou apenas fora de suas vistas? Eu não estou longe, apenas estou do outro lado do Caminho... Você que aí ficou, siga em frente, a vida continua, linda e bela como sempre foi.

Krisha Gotami, devastada pela perda de seu filho, procurou desesperadamente por uma cura que pudesse trazê-lo de volta à vida. Ao carregar o corpo de seu filho e buscar ajuda na comunidade, foi direcionada por um camponês a procurar Buda. Ao chegar nele, implorou por um remédio que pudesse reverter a morte de seu filho. Buda, compadecido, instruiu-a a encontrar uma simples semente de mostarda preta em uma casa onde a morte nunca havia penetrado.

Movida pela angústia, Krisha Gotami vasculhou incansavelmente por essa semente, mas em todas as casas que visitou encontrou vestígios da morte. Decepcionada, retornou a Buda, que lhe revelou a inevitabilidade da morte para todos os seres vivos. Compreendendo a natureza efêmera da vida, ela aceitou o destino de seu filho e encontrou consolo na sabedoria de Buda.

A neurocientista Dra. Carla Tieppo, em uma *live* pelo canal do YouTube *Love Live Neuroscience*, compartilha de forma muito genuína suas reflexões sobre o luto, baseadas em sua experiência pessoal com o falecimento de sua mãe. Para Tieppo, o luto é desafiador porque é extremamente difícil dissociar as memórias e os diversos registros emocionais associados à pessoa que faleceu – seja ela mãe, amiga ou profissional. Assim, o processo de luto pode fazer com que você sinta como se estivesse morrendo aos poucos.

Ela explica que a maior dor do luto está no conflito das múltiplas emoções que você nutria pela pessoa que faleceu. É a gestão dos conflitos e das soluções não oferecidas. Além disso, ressalta que o luto é uma experiência profundamente pessoal e individual.

Para superar esse conflito é necessário buscar uma nova identidade e construir um novo entendimento sobre a morte. Muitas das personas associadas à pessoa que partiu precisam, assim, também ir se despedindo.

Ninguém deve dizer ao outro como viver o seu luto, pois é impossível compreender a profundidade da dor alheia. O ser humano é único em sua capacidade de experimentar o luto, uma consequência de nossa habilidade de projetar o futuro. É o que os antropólogos chamam de emancipação do ser humano, referindo-se ao momento em que começamos a enterrar nossos mortos ao perceber a continuidade das perdas. O luto é uma experiência inerente ao amor e deve ser entendido como um desdobramento natural desse sentimento.

Os milênios se vão, o espanto permanece. Gilberto Gil, músico e imortal da Academia Brasileira de Letras, passou pela devastação de perder o filho Pedro Gadelha Gil Moreira, aos 23 anos, vítima de um trágico acidente de carro. Gil ressignificou sua dor em sua arte: "Mães zelosas, pais corujas / Vejam como as águas de repente ficam sujas / Não se iludam, não me iludo / Tudo agora mesmo pode estar por um segundo".

Integrando quem ou o que perdemos

A psicanálise oferece uma perspectiva profunda sobre o significado e o processo envolvido na superação da dor da perda. Em seu canal *Falando nisso*,[29] Christian Dunker, psicanalista e professor da Universidade de São Paulo, aborda as etapas para a elaboração do luto. Na primeira delas, ele ressalta que o luto vai além da

---

[29]. Disponível em: https://www.youtube.com/watch?v=0Kz7jsXo6B4. Acesso em: 10 jul. 2024.

simples ausência física da pessoa que partiu; é um trabalho interior complexo que exige uma série de ações psíquicas.

O psicanalista diz que é como se comprimíssemos todos os significados e emoções que alguém querido representa para nós, até restar apenas um núcleo sólido que cabe em nosso bolso, não nos atrapalha na jornada e nos auxilia a encontrar e criar encontros mais profundos e gratificantes no futuro. "O luto se encerra com essa integração e também abre portas para novas possibilidades de amar, vincular-se e caminhar nessa jornada".

Dunker adverte sobre a importância de realizar a perda em contraste com ignorar ou tentar substituir o objeto perdido. Por exemplo, quando uma criança perde um animal de estimação e é comprado outro para colocar no lugar, "você está destituindo aquele animal de estimação de seu valor simbólico, que é singular. Ele tem um nome, uma história, representa um percurso que existiu naquele momento", diz.

Na maioria das vezes, é a dificuldade de entrar em contato com a dor que nos impede de superá-la. Apesar de sermos os únicos animais conscientes de nossa própria mortalidade, tendemos a evitar reflexões sobre a morte, especialmente sobre a nossa, a todo custo. Mas essa negação tem um preço. Envolvidos na ilusão de juventude eterna e na busca incessante por bens materiais, distanciamo-nos da realidade inevitável que é a finitude da vida.

Olgária Matos, professora do Departamento de Filosofia da Universidade de São Paulo, em entrevista à revista *Superinteressante*,[30] diz que "os valores da sociedade de consumo são antagônicos à ideia de morte. Afinal, aprendemos que o melhor da vida é a eterna juventude e a acumulação de bens materiais". Matos lembra que antigamente, a morte era uma presença constante, um ciclo natural que todas as gerações testemunhavam de perto.

---

30. Disponível em: https://super.abril.com.br/historia/a-historia-da-morte. Acesso em: 10 jul. 2024.

Os moribundos expiravam seus últimos suspiros em casa, cercados pelo amor de seus entes queridos, inclusive das crianças, que aprendiam desde cedo a aceitar essa passagem. Os rituais funerários, com seus cânticos e orações, proporcionavam conforto e permitiam que os enlutados assimilassem a perda com mais naturalidade. Hoje, a morte é escondida atrás das paredes frias dos hospitais, onde muitos partem desta vida sozinhos, desprovidos do calor humano que outrora os acompanhava.

O psicanalista italiano Contardo Calligaris já alertava sobre o empobrecimento da vida causado pela tentativa de evitar a morte. Ele afirmava: "É preciso sentir plenamente as dores: das perdas, do luto, do fracasso. Eu acho um tremendo desastre esse ideal de felicidade que tenta nos poupar de tudo o que é ruim". É urgente que nos reconectemos com a naturalidade da morte, abraçá-la como parte integrante do ciclo da vida. Somente assim poderemos recuperar o verdadeiro significado da existência, apreciando cada momento como o presente precioso que é, e encontrando conforto nos laços que nos unem, mesmo quando a partida for inevitável.

"Penso que vale a pena encarar a morte como uma conselheira sábia", diz Ana Paula Quintana Arantes, geriatra especialista em cuidados paliativos e autora do livro *A morte é um dia que vale a pena viver*. "Nós temos essa dificuldade de encarar a morte porque não sabemos administrar nosso tempo de vida. Não se trata apenas do tempo de trabalho, mas do tempo dedicado às nossas tarefas. Achamos que temos tempo".

Segundo o Laboratório de Estudos sobre a Morte (LEM), da Universidade de São Paulo (USP), encarar a morte de frente pode transformar o medo em aliado. Ao aceitarmos sua inevitabilidade, ganhamos uma nova perspectiva sobre a vida. A consciência da nossa finitude nos inspira a viver cada momento com intensidade, a concluir tarefas pendentes e a expressar amor aos nossos entes queridos. Para o LEM, evitar o tema da morte é negar a própria essência da vida. Celebrar a morte não é um ato sombrio, mas um lembrete para viver intensamente, construir conexões significativas e deixar um legado positivo. Somente ao abraçar a morte podemos genuinamente celebrar a vida em toda sua plenitude.

Consolações da filosofia

> *Que era, então, a vida? Era calor, o calor produzido pela estabilidade preservadora da forma; era uma febre da matéria, que acompanhava o processo de incessante decomposição e reconstituição de moléculas de albumina, insubsistentes pela complicação e pela engenhosidade de sua estrutura. [...] Não era nem matéria nem espírito. Era qualquer coisa entre os dois, um fenômeno sustentado pela matéria, tal e qual o arco-íris sobre a queda d'água, e igual à chama.*
>
> (Thomas Mann)

A morte também intrigou filósofos ao longo da história. "Filosofar é aprender a morrer", diz Michel de Montaigne. Platão concebia a morte como a libertação da alma imortal das amarras da carne, um renascimento para o reino das formas eternas. Epicuro, contudo, tinha uma visão mais terrena. Para ele, a morte nada mais era do que a dissolução natural dos átomos que nos compunham. "A morte nada significa para nós", argumentou na Carta a Meneceu. "Porque enquanto eu existo, ela não existe; e quando ela existe, eu já não existo".

Segundo o alemão Arthur Schopenhauer, a morte se encontra inexoravelmente em segundo plano e pode aparecer a qualquer momento. Embora seja o mestre-pensador do pessimismo, Arthur Schopenhauer tem a convicção de que o "cerne de nossa essência" permanece intacto na morte. É a consciência individual a ser por ela afetada. No entanto, de todo modo, essa consciência é apenas aparência. "No momento da morte damo-nos conta de que uma mera ilusão limitara nossa existência à nossa pessoa".

Para Friedrich Nietzsche, a raiva da morte surge na esteira da raiva do tempo. O espírito de vingança, ao condenar o tempo, que impede o homem de ser inteiramente aquilo que se é, condena a morte inevitável quando diz: "Tudo perece, tudo, portanto, merece perecer!". Nesse sentido, a raiva do homem dirigida à inescapável finitude causada pelo tempo se reflete, como não poderia deixar de ser, na repulsa da morte, o acaso mais radical.

O existencialista Martin Heidegger concebia o ser humano como um "ser que caminha para a morte". Somente confrontando nossa finitude, defendia em *Ser e tempo*, podemos atingir nosso verdadeiro "eu". "O homem deve 'saltar', fugindo de sua condição cotidiana", clamou, em busca da autenticidade. Já Jean-Paul Sartre via a morte como o limite definitivo da liberdade, como escreveu em *O ser e o nada*: "A morte remove todo sentido de nossas vidas passadas". Já o budista Nagarjuna a considerava uma ilusão, assim como toda a existência fenomênica, afirmando: "Nem a vida nem a morte são reais, pois todas as coisas compostas são vazias de existência inerente".

O cético David Hume questionou a falta de evidências empíricas para a imortalidade da alma em seu *Tratado da natureza humana*: "Onde está a impressão que deve corresponder a essa ideia de alma ou substância espiritual?". Em algum lugar da Dinamarca, Kierkegaard clamou pela aceitação da morte como essencial para uma vida autêntica, escrevendo em seus *Diários*: "Quando o pensamento da morte se torna um calafrio pavoroso, atravessa os membros; então a dor da vida nos desperta".

Embora as vozes se multipliquem, o mistério permanece. Talvez, como sugeriu Bertrand Russell, a melhor preparação seja "viver cada dia com toda a lucidez possível" – aproveitando cada momento enquanto ainda respiramos.

De todos os filósofos, talvez nenhum tenha levado isso tão a sério, encarado o destino com tamanha coragem, nem tenha vislumbrado um ideal tão elevado quanto Boécio. Seu livro *A consolação da filosofia* foi escrito no século VI, nos momentos de pausa entre as dolorosas sessões de tortura que ele enfrentou antes de ser executado. Suas traduções e comentários sobre obras filosóficas clássicas, especialmente as de Platão e Aristóteles, foram vitais para a preservação e transmissão do conhecimento filosófico da Antiguidade para a Idade Média.

A consolação da filosofia reflete sobre questões fundamentais da existência humana, como a natureza da felicidade, a justiça e o destino. Boécio também desempenhou um papel importante na promoção do diálogo entre a filosofia clássica e o pensamento cristão, influenciando o desenvolvimento da filosofia medieval.

Lições do Oriente

A forma como diferentes sociedades lidam com a morte varia muito, influenciada por fatores culturais, religiosos e práticos. A perspectiva oriental, por exemplo, tende a ter menos tabus que a ocidental. Um exemplo disso é *O livro tibetano do viver e do morrer*, um clássico mundialmente conhecido, escrito no século VIII pelo mestre budista tibetano Padmasambhava.

A obra detalha os mistérios do processo da morte e os estados de existência após a vida física, descrevendo os fenômenos mentais, as projeções e as experiências visionárias que podem ocorrer durante a transição entre esta vida e o próximo renascimento. Essa abordagem dos temas da morte e da vida após a morte reflete como as crenças religiosas orientais, como o budismo, tratam esses assuntos de forma muito mais direta e menos como tabu.

De fato, pesquisas descobriram que uma das questões centrais no estudo da ansiedade em relação à morte é o papel da religiosidade. Um estudo comparativo realizado na Índia revelou que os hindus apresentam níveis mais baixos de ansiedade em relação à morte, enquanto os cristãos mostram a maior ansiedade. No Irã, a ansiedade em quanto ao assunto entre os muçulmanos é influenciada pela incerteza sobre o destino após a morte e pela falta de crença na vida após a morte.

O conselho de Proust

Em 1922, o periódico francês *L'Intransigeant* fez aos seus colaboradores uma questão intrigante: "Um cientista americano afirma que o mundo está prestes a acabar, ou pelo menos uma grande parte do continente será devastada repentinamente, resultando na morte de centenas de milhões de pessoas. Se essa previsão se concretizasse, quais seriam os efeitos dessa notícia nas pessoas, desde a confirmação inicial até o momento do cataclismo? E pessoalmente, o que você faria nas últimas horas antes do fim?".

Várias personalidades parisienses responderam, incluindo o renomado escritor francês Marcel Proust. Eis a resposta de Proust:

> Acho que, de repente, a vida nos pareceria maravilhosa se estivéssemos ameaçados de morte como o senhor diz. Pense em quantos projetos, viagens, casos de amor e estudos a vida oculta de nós, tornando-os invisíveis por causa da nossa preguiça, que, certa de um futuro, adia-os incessantemente. Mas sob a ameaça da impossibilidade eterna, tudo isso voltaria a ser lindo! Ah! Se o cataclismo não acontecer desta vez, não deixemos de visitar as novas galerias do Louvre, de nos jogar aos pés da Srta. X, de fazer uma viagem à Índia.

> O cataclismo não acontece e deixamos de fazer tudo isso porque voltamos ao âmago da nossa vida normal, no qual a negligência arrefece o desejo. Mas não deveríamos precisar do cataclismo para amar a vida hoje. Seria suficiente pensar que somos humanos e que a morte pode acontecer esta noite.

E você, o que faria horas antes do fim?

A ciência e a infelicidade dos 40 anos, e o medo da velhice

É verdade ou mito que as pessoas são infelizes quando estão na fase dos 40 anos? Esse medo brota de duas fontes. Primeira, da crença de que a velhice pode trazer a pobreza. Segunda, e de longe a fonte mais comum, dos ensinamentos sectários, falsos e cruéis que tão bem misturam "fogo e enxofre" com "purgatórios" e outros truques, fazendo com que os seres humanos temam a velhice por ela significar a aproximação de outro mundo, possivelmente muito mais horrível do que este, que já é considerado ruim o suficiente.

De acordo com uma ampla pesquisa realizada em 134 países pelo economista David Blanchflower,[31] professor da Universidade Dartmouth College, nos EUA, e ex-membro do Comitê de Política Monetária do Banco da Inglaterra, há uma "curva de felicidade" que está presente na maior parte dos países.

Segundo a pesquisa, é interessante notar que mesmo em contextos culturais tão diferentes, o padrão se repete: sentimo-nos melhor na adolescência, somos mais infelizes até o fim dos 40 e depois valorizamos a sensação de bem-estar quando nos aproximamos da velhice. Basicamente, a pior parte está no meio,

---

31. Disponível em: https://www.bbc.com/portuguese/geral-51132694. Acesso em: 10 jul. 2024.

enquanto os maiores momentos de felicidade estão na fase inicial da vida e depois dos 50 anos.

O extenso banco de dados analisado – a partir de pesquisas internacionais que mediram o bem-estar de pessoas usando diferentes metodologias – mostrou que, em média, a idade mais infeliz das pessoas nos países desenvolvidos é em torno dos 47,2 anos, enquanto nos países em desenvolvimento é de 48,2 anos.

"É algo que os humanos têm profundamente enraizado nos genes", disse Blanchflower para a BBC News Mundo, serviço em espanhol da BBC. "Aos 47 anos, a gente se torna mais realista, já se deu conta de que não vai ser o presidente do país", explica. "E depois de 50 anos", ele acrescenta, "você se torna mais grato pelo que tem. Aos 50 anos, você pode dizer a alguém que tem uma boa notícia, porque a partir de agora as coisas vão melhorar".

E o fato não é que as condições objetivas de vida melhorem necessariamente – o que varia, na verdade, é a percepção do bem-estar. "Há pessoas que, aos 70 anos, são saudáveis e felizes por trabalharem, enquanto na metade da vida é quando você tem mais responsabilidades", afirmou.

Uma das explicações é que, à medida que as pessoas envelhecem, aprendem a se adaptar aos seus pontos fortes e fracos, ao mesmo tempo em que suas ambições inviáveis diminuem. À percepção geral de bem-estar se soma o fator econômico. Blanchflower argumenta que até o fim dos 40 anos, a vulnerabilidade é exacerbada diante de um contexto econômico adverso.

Esse fenômeno atinge pessoas com menos escolaridade, desempregadas, com famílias não estruturadas ou sem rede de apoio, como ficou evidente durante a Grande Recessão em 2008 e 2009. Estar na metade da vida é um momento de vulnerabilidade, acrescentou ele, o que torna mais difícil lidar com os desafios da vida em geral.

Outro ponto interessante é o estudo de Jonathan Rauch, pesquisador do centro de estudos Brookings Institution, em Washington, que analisou a questão e publicou o livro *The happiness curve: why life gets better after midlife* ("A curva da felicidade: por que a vida fica melhor depois da meia-idade", em tradução livre).

Depois de entrevistar especialistas na área de diferentes disciplinas, Rauch detectou que nosso cérebro passa por mudanças à medida que envelhecemos, concentrando-se cada vez menos na ambição e mais nas conexões pessoais.

Ele explica a crise dos 40 como uma "quebra de expectativas", uma vez que muitos se dão conta de que suas expectativas eram ambiciosas demais. Os jovens cometem um "erro de prognóstico" por superestimarem a felicidade de alcançarem determinados objetivos. Por outro lado, os mais velhos não têm nas costas o peso dessas expectativas e têm mais habilidade para gerenciarem suas emoções.

Durante essa fase, também pode surgir a Síndrome do Ninho Vazio, um termo que descreve os sentimentos de solidão e tristeza que muitos pais experimentam quando seus filhos saem de casa para iniciarem suas próprias vidas. Esse sentimento, se não for bem gerido, pode evoluir para um quadro depressivo, visto que os filhos, ao alcançarem a maturidade e buscarem independência emocional, distanciam-se dos pais.

No caso das mulheres, a menopausa não é apenas uma fase de transformações biológicas. Ela também causa modificações psicológicas que podem impactar o comportamento e o bem-estar. Uma das principais alterações é observada no humor, que no dia a dia pode oscilar entre tristeza, contentamento, irritabilidade, melancolia e angústia. Essas oscilações são atribuídas à redução na produção de hormônios. O estrogênio, responsável pelo ciclo menstrual, reduz consideravelmente seus níveis durante essa etapa da vida, diminuindo a ocorrência da ovulação e da menstruação até cessar completamente.

Medo da pobreza

É preciso coragem para dizer a verdade sobre a origem desse medo, e talvez ainda mais coragem para aceitá-lo. O medo da pobreza vem da tendência hereditária do homem de subjugar outros homens economicamente. Praticamente todas as formas de animais inferiores têm instintos, mas parecem não terem o poder de raciocinar e pensar, portanto subjugam umas às outras fisicamente. O homem, com seus sensos superiores de intuição, pensamento e raciocínio, não come seus semelhantes fisicamente, tem mais satisfação "comendo-os" financeiramente.

De todas as épocas do mundo sobre as quais temos algum conhecimento, a que vivemos parece ser a da adoração do dinheiro. Um homem é considerado menos do que a poeira da terra a não ser que possa exibir uma gorda conta bancária. Nada traz tanto sofrimento e humilhação quanto a pobreza. Não é de se admirar que o homem tema a pobreza. Por intermédio de uma longa linha de experiências herdadas do bicho-homem, o homem com certeza aprendeu que esse animal nem sempre é confiável no que diz respeito a dinheiro e outras evidências de bens materiais.

Muitos casamentos começam (e muitas vezes terminam) apenas com base na riqueza de uma ou de ambas as partes. Na minha vida prática de advocacia, a maioria dos divórcios tem como fundamento perdas de poder aquisitivo. O dinheiro sai pelo ralo e o amor pula pela janela.

Sem se dar conta, a sociedade impõe que o dinheiro é relacionado à felicidade além do mínimo existencial e que os homens são o que possuem, não importando a forma como conquistarem sua riqueza material. A corrupção e a crise de valores se apequenam diante do poder do dinheiro.

Um homem pode cometer assassinato, roubo, estupro e todas as demais formas de violação dos direitos alheios e, ainda assim, reconquistar status elevado perante os outros homens contanto que nunca perca sua riqueza. Pobreza, portanto, tornou-se crime – um pecado imperdoável, por assim dizer.

Não admira o homem ter medo dela!

Segundo Napoleon Hill, em *O manuscrito original*, todos os livros de leis deste mundo ostentam evidências de que o medo da pobreza é um dos seis medos básicos da humanidade. Neles podem ser encontradas várias leis para proteger os fracos dos fortes. Obviamente, jamais temeria a pobreza se tivesse motivos para confiar na humanidade, pois existe comida, abrigo, vestuário e luxo de toda espécie suficientes para as necessidades de todas as pessoas da Terra. Essas bênçãos poderiam ser desfrutadas por todos, não fosse o hábito de tentar empurrar os outros "porcos" para fora do cocho, mesmo quando já se tem mais do que se precisa.

Medo da crítica e do julgamento

Seria difícil, se não impossível, determinar como o homem adquiriu esse medo básico, mas uma coisa é certa: ele o tem muito bem desenvolvido.

Alguns acreditam que esse medo apareceu na mente do homem mais ou menos na época em que surgiu a política. Outra escola de humoristas atribui a origem ao conteúdo da Bíblia, cujas páginas estão repletas de algumas formas mordazes e violentas de crítica. Se essa última afirmação for correta, e aqueles que acreditam literalmente em tudo que encontram na Bíblia não estiverem errados, então Deus é o responsável pelo medo inerente da crítica, pois Deus fez com que a Bíblia fosse escrita.

Este autor, não sendo nem humorista, nem "profeta", apenas uma pessoa comum que trabalha todos os dias, inclina-se a atribuir o medo básico da crítica à natureza herdada pelo homem, que o leva não só a tirar os bens e as mercadorias de outros homens, mas a justificar sua ação pela crítica do caráter deles.

O medo da crítica assume muitas formas diferentes, a maioria de natureza insignificante e trivial, a ponto de ser infantil ao extremo. Antigamente, homens carecas, por exemplo, eram calvos quase que unicamente pelo medo da crítica. Ficavam carecas porque os chapéus apertados cortam a circulação na raiz do cabelo. Homens usavam chapéus não porque realmente necessitassem deles para o conforto, mas basicamente porque "todo mundo usava"; todo mundo entra na linha e faz igual para não ser criticado.

Mulheres raramente ficavam carecas ou com pouco cabelo porque usavam chapéus folgados, cujo único objetivo era adornar. Mas não se deve imaginar que as mulheres estivessem livres do medo da crítica associada aos chapéus. Se alguma mulher afirmasse ser superior aos homens a respeito desse medo, bastava pedir para que andasse na rua usando um chapéu de uma ou duas temporadas atrás.

Os fabricantes de vestuário não tardaram a capitalizar esse medo básico da crítica que amaldiçoa toda a humanidade. Observa-se que a cada estação os "estilos" de muitas peças do vestuário mudam. Quem estabelece os "estilos"? Certamente, não os que compram as roupas, mas os fabricantes. Por que mudam os estilos com tanta frequência? Obviamente, para que possam vender mais roupas. O fabricante de vestuário sabe que o bicho-homem teme vestir uma roupa fora de sintonia com o que "todo mundo está usando agora".

Pela mesma razão, os fabricantes de automóveis (com raras e muito sensatas exceções) mudam os modelos a cada estação. Não é verdade? A sua própria experiência não comprova isso?

Queremos o que desejamos?

O rei Midas é uma figura da mitologia grega famoso por sua ambição desmedida, que quase lhe custou a vida. Midas governava Frígia, uma região na Ásia Menor (atual Turquia). Era conhecido por ser de um povo que havia migrado da Trácia para a Ásia Menor e por profecias que previam que ele tornar-se-ia um homem de grande riqueza.

O mito de Midas começa quando ele encontra Sileno, um seguidor e companheiro do deus Dioniso, embriagado e perdido em seu jardim. Midas, ao tomar conhecimento da situação, oferece ajuda a Sileno, proporcionando-lhe uma refeição e abrigo até que ele se recupere dos efeitos do álcool.

Outra versão do mito sugere que Midas capturou Sileno com a intenção de obter seu conhecimento. Em uma variação alternativa, Sileno foi encontrado em uma floresta por camponeses, que o levaram até Midas.

O essencial é que Midas tratou bem seu hóspede e, em seguida, entregou-o são e salvo ao deus Dioniso. Agradecido pela ação de Midas, Dioniso concedeu ao rei da Frígia um desejo, que seria prontamente realizado. Midas imediatamente pediu que tudo o que tocasse se transformasse em ouro e Dioniso atendeu ao pedido.

Com o desejo realizado, Midas testou suas novas habilidades e ficou encantado ao ver que tudo o que tocava era transformado em ouro. No entanto essa alegria logo deu lugar ao desespero, quando ele descobriu que até mesmo um pedaço de pão se transformava em ouro sólido; a água, em ouro líquido, tornando-a impossível de beber.

Até o simples ato de dormir virou um desafio, pois sua cama macia se transformou em uma estrutura fria e dura. Percebendo que sua condição poderia levá-lo à morte por inanição, Midas foi em busca de Dioniso para reverter o desejo. O deus, mais uma vez, atendeu ao pedido e desfez o efeito, salvando o rei da Frígia de seu infortúnio. Dioniso anunciou que Midas livrar-se-ia da maldição se mergulhasse no rio Pactolo. Foi o que ele fez.

Após o episódio do toque de ouro, Midas adotou uma vida mais simples e começou a cultuar o deus Pã. Contudo Pã decidiu realizar um concurso musical contra Apolo, o deus grego da música, conhecido por sua habilidade com a lira. O árbitro da competição foi Tmolo, o deus da montanha.

Midas assistiu à competição, na qual os dois deuses apresentaram suas canções. No final, Tmolo declarou Apolo o vencedor, o que descontentou Midas. Ao questionar a decisão, Midas enfureceu Apolo, que o puniu fazendo com que lhe crescesse um par de orelhas de burro.

Envergonhado com sua aparência, Midas passou a usar turbantes para esconder suas orelhas. O único que sabia do seu segredo era o seu barbeiro, que foi ameaçado para não revelar a verdade. No entanto o barbeiro cavou um buraco no chão e sussurrou o segredo de Midas para ele, fazendo com que a informação se espalhasse. Midas matou o barbeiro como punição e, em seguida, tirou a própria vida.

Com tudo que vimos até aqui, podemos desconfiar que a realização de nossos desejos não garante felicidade duradoura. Jacques Lacan (1901-1981), médico-legista e psicanalista francês, põe lenha nessa fogueira ao afirmar: "Desejar é incessantemente desejar algo mais, ao ponto de podermos até agradecer àqueles que nos negam o que solicitamos".

O psicanalista Jorge Forbes explica essa dinâmica por trás do insucesso e do fracasso, chamando a atenção para a origem das palavras. Por exemplo, "sucesso" tem raízes no latim, derivando de *cedere*, que significa "ceder". Ela está associada à ideia de "sucessão" ou "suceder". Da mesma forma, a palavra "êxito" tem origem em *exit*, também do latim, que nos remete a saída. Essas três definições, diz Forbes, "contradizem o senso comum que pensa – e pensa sempre erradamente esse tal de senso comum – que é formidável ser alguém notável, que o difícil é ser medíocre, comum, genérico. Nada disso".

"Ser uma celebridade é quase tão assustador quanto não ser celebridade nenhuma", declarou Marilyn Monroe. A cantora Amy Winehouse, por sua vez, confessou: "Não sei se consigo lidar com essa nova vida de fama". Todos sabemos o final dessas histórias. Forbes, em seu livro *Você quer o que deseja?*, descortina nosso medo mais profundo: no caminho do sucesso e do destaque corremos o risco de ficar sós. Afinal, na solidão do topo, quem garantirá que ainda pertencemos?

> O fracasso é solidário, mas a vitória é solitária. Se você diz que está perturbado por ter sido assaltado no trânsito, seus interlocutores vão dizer: "Eu também", "Eu também", "Eu também". Agora, se você diz que conseguiu finalmente sua casa nova e maravilhosa, vão dizer: "Você não tem medo de ser assaltado morando em uma casa?".

Crenças: nasci infeliz, vou morrer infeliz!

Crenças são construções mentais que influenciam nossas percepções, comportamentos e emoções, ideias internalizadas ao longo da vida, formadas por repetições de experiências, interações sociais e aprendizados. As crenças podem ser limitantes ou capacitadoras, afetando, para o bem ou para o mal, nossa autoimagem, nossa autoestima e nossa visão de mundo.

Limitantes são aquelas que restringem nosso potencial, levando-nos a duvidar de nossas habilidades, do nosso valor pessoal e da nossa capacidade de sucesso. Costumamos ser bem íntimos delas: "Nunca serei bom o suficiente", "Não mereço ser feliz", "Sempre falho em tudo que tento", "As pessoas não vão gostar de mim do jeito que eu sou", "Não tenho sorte na vida" etc. Elas são frequentemente enraizadas em experiências negativas passadas, críticas externas e padrões culturais.

Por outro lado, as crenças capacitadoras são aquelas que nos fortalecem, impulsionando-nos a alcançar nossos objetivos e superar desafios. Elas podem surgir de experiências positivas e autoaceitação. "Mereço amor, felicidade e sucesso", "Tenho o poder de superar obstáculos e alcançar meus objetivos", "Mereço ser amado e respeitado", "Cada obstáculo é uma oportunidade para aprender e crescer" etc.

Mudar crenças limitantes requer um processo gradual de novos aprendizados, vivências e autoconhecimento. Isso envolve identificar as origens de nossas crenças, desafiar pensamentos negativos e cultivar novas experiências que reforcem uma visão mais positiva de nós mesmos.

Modificar uma crença, especialmente aquelas que herdamos de nossa família, pode ser um desafio considerável. Essas convicções estão tão profundamente enraizadas que frequentemente as confundimos com nossa própria identidade. O psiquiatra húngaro-americano Iván Böszörményi-Nagy (1920-2007) observou como os padrões familiares, mesmo quando são limitantes, são transmitidos de uma geração para outra. Muitas vezes, a persistência dessas crenças revela uma lealdade oculta à família.

As crenças surgem também de outro lugar difícil de perceber sem uma observação crítica e atenta, como o preconceito estrutural, que permeia as estruturas sociais, influenciando a maneira como interagimos com o mundo. Diferentemente do preconceito individual, que é evidente nas atitudes discriminatórias de pessoas específicas, o preconceito estrutural está embutido nas políticas, práticas e normas da sociedade, influenciando silenciosamente nossas percepções e nossos comportamentos. Por exemplo, a crença de que mulheres são menos competentes em áreas científicas ou que pessoas de determinadas etnias são naturalmente propensas a cometer crimes.

Essas mensagens criam um terreno fértil para o desenvolvimento de crenças limitantes. Elas nos levam a subestimar nosso – ou do outro – potencial e valor com base em características como raça, gênero, orientação sexual e classe social. Além disso, o preconceito estrutural é manifestado por meio do acesso desigual a recursos e oportunidades. Certos grupos são sistematicamente excluídos ou enfrentam barreiras para acessar educação de qualidade, emprego digno, serviços de saúde adequados e representação política. A mensagem é de que esses grupos não são merecedores ou capazes de alcançar o sucesso, alimentando mais ainda crenças limitantes sobre suas capacidades.

As normas sociais também desempenham sua importância na perpetuação do preconceito estrutural. Padrões de beleza idealizados, por exemplo, excluem aqueles que não se encaixam em determinados estereótipos físicos, levando as pessoas a internalizarem crenças limitantes sobre sua aparência e sua autoestima.

Independentemente de quais sejam nossos motivos para manter uma crença, a boa notícia, apoiada por terapias e pelos avanços na neurociência, é que podemos mudar. A neuroplasticidade, por exemplo, demonstra que nosso cérebro é capaz de se adaptar e se reorganizar ao longo da vida, permitindo mudanças significativas em nossas crenças e comportamentos.

Numerosas técnicas de autoajuda sugerem que basta alterar a maneira como formulamos uma frase – por exemplo: de "Nunca sou bom o suficiente" para "Tenho plena capacidade para atingir meus objetivos" – pode nos levar ao sucesso. Sinto muito decepcionar você. Quando se trata de crença é preciso um pouco mais do que repetir palavras otimistas.

As crenças que carregamos não são apenas ideias abstratas. Elas têm um impacto direto em como nosso corpo funciona, como acontece no efeito placebo (substância ou tratamento que não tem efeito farmacológico direto sobre o corpo, mas que pode produzir efeitos percebidos pelo paciente devido à sua crença no tratamento). Áreas específicas do nosso cérebro são ativadas quando acreditamos em algo. Isso influencia desde nossos hormônios até a forma como nosso sistema imunológico funciona.

Crenças limitantes podem se tornar uma profecia autorrealizável, afetando nossa saúde, relacionamentos e sucesso na vida. Mas o lado bom é que crenças possibilitadoras também têm um grande poder de cura. Histórias de pessoas que se recuperaram de doenças graves sem explicação sugerem que a fé na recuperação pode acionar os mecanismos de cura do nosso corpo.

Em seu livro *Decifrando o código da idade: como suas crenças sobre o envelhecimento determinam quanto tempo e bem você vive*, Becca Levy, pós-doutora em Medicina Social pela Universidade de Harvard e doutora em Psicologia do Envelhecimento por Yale, desafia a noção de que nossas crenças são estáticas, mesmo as mais difundidas, como as relacionadas ao envelhecimento:

> Em nossas pesquisas, descobrimos que aqueles que mantêm perspectivas otimistas sobre a idade tendem a ter um melhor desempenho, tanto físico quanto cognitivo. Surpreendentemente, muitas formas de cognição melhoram com a idade. Metacognição, ou pensar sobre o pensamento, é uma delas,

e crenças positivas sobre a idade só aprimoram isso ainda mais. Além disso, nossos estudos revelam que essas crenças podem impulsionar a recuperação de lesões e períodos de depressão. Mais fascinante ainda, constatamos que até mesmo pessoas com predisposição genética para doenças como o Alzheimer têm menos 47% de chances de desenvolver demência se adotarem perspectivas positivas sobre o envelhecimento desde jovens.

Por que é tão difícil mudar de ideia?

Você já se perguntou por que é tão complicado mudar de opinião mesmo diante de fatos e evidências? A explicação está na própria mente humana. Estudos mostram que contrariando o que parece lógico, muitas vezes nossas opiniões são formadas por emoções como medo, desprezo e raiva, em vez de fatos objetivos. Quando confrontados com informações que contradizem nossas crenças, tendemos a simplesmente rejeitá-las.

Esse fenômeno é chamado de "perseverança de crença". Em vez de reavaliarem racionalmente sua posição diante de novas evidências, as pessoas tendem a ignorar ou a descartar esses fatos incompatíveis. Isso acontece especialmente quando as crenças estão ligadas à identidade pessoal ou à política do indivíduo.

Outro fator que contribui para a inflexibilidade de pensamento é o chamado "viés de confirmação". Temos uma inclinação natural para buscar e interpretar informações de forma a reforçar o que já acreditamos, ignorando pontos de vista divergentes.

Mas não é só uma questão de vieses cognitivos. A própria biologia do cérebro humano dificulta a mudança de opinião. Quando "ganhamos" um debate, nosso cérebro libera substâncias como a dopamina, que marcam a oportunidade da vitória. Em situações estressantes, o cortisol é liberado, prejudicando nossa capacidade de raciocínio lógico.

Formar e mudar opiniões não são um processo puramente racional. Nossas emoções, nossa identidade e até a química cerebral influenciam fortemente nossas crenças e resistência a mudá-las. No entanto reconhecer esses fatores é o primeiro passo para superá-los. Ao entendermos o que forma nosso pensamento podemos cultivar mais autoconsciência e abertura para novos pontos de vista.

Para uma mente aberta

A história de Leandro Batista, um influente *youtuber* brasileiro, ilustra como até mesmo as crenças mais arraigadas podem ser abaladas pela força da evidência. Durante seis anos, Leandro foi uma voz proeminente no meio terraplanista, movimento que desafia o consenso científico sobre a forma esférica do nosso planeta, produzindo cerca de três vídeos em seu canal com 140 mil inscritos, nos quais questionava veementemente as informações da Nasa, de agências espaciais e de especialistas que sustentam a esfericidade da Terra.

No entanto um evento específico desencadeou uma reviravolta em sua trajetória: o fenômeno conhecido como "Sol da meia-noite", que ocorre nos círculos polares durante determinados períodos do ano e resulta em dias com 24 horas de luz solar contínua, algo que, segundo a ciência, seria impossível num modelo de Terra plana. Decidido a investigar pessoalmente esse fenômeno, o *youtuber* arrecadou fundos de seus seguidores e viajou até a Noruega em julho de 2022. Lá, presenciou com seus próprios olhos o Sol permanecendo visível por 24 horas seguidas, uma experiência que abalou profundamente suas convicções.

"Foi como uma desilusão amorosa", descreve Leandro em entrevista ao jornal *Folha de São Paulo*. "Aquela paixão da adolescência que você sente febre e, de repente, ela te dá um 'toco' e o seu mundo desaba. O Sol da meia-noite cortou a minha paixão pela Terra plana".

Depois da experiência, Leandro decidiu abandonar definitivamente o terraplanismo, anunciando, em um vídeo no final de 2022, que não conseguia mais sustentar essa crença. Sua decisão gerou críticas e a perda de mais de 10 mil inscritos, mas ele permaneceu firme em sua nova convicção. Atualmente, o *youtuber* planeja viajar para a Antártida a fim de presenciar o outro lado do fenômeno do Sol da meia-noite, com o objetivo de convencer aqueles que ainda duvidam da forma esférica do planeta.

Manter a mente aberta é um exercício diário, assim como malhar. Requer prática constante e disposição para sair da zona de conforto. Afinal, questionar nossas verdades mais arraigadas pode ser doloroso.

A primeira dica é: dê ouvidos a diferentes perspectivas. Explore vários ângulos de um mesmo assunto, em vez de se aferrar apenas às visões que confirmam o que já pensa. É como experimentar comidas variadas ao invés de pedir sempre a mesma no restaurante.

Segundo: cultive o ceticismo saudável. Não "engula" informações de qualquer fonte sem antes passar pelo crivo da análise crítica. Confie mais nos especialistas renomados do que em uma tese sensacionalista.

Terceiro: atenção às falas repetitivas. Quanto mais uma ideia é martelada, mais tendemos a aceitá-la como verdade. É como aquele refrão pegajoso que fica grudado na nossa cabeça por dias.

Quarto: use a empatia. Apresente novas informações de forma respeitosa, sem confrontos desnecessários. Ninguém gosta de levar bronca ou ser chamado de ignorante.

Por fim, lembre-se: todos temos essas tendências enrijecidas. Então inspire fundo quando sentir a defensiva subir. Aceite que estar errado de vez em quando não é o fim do mundo – é só mais uma oportunidade para crescer.[32]

---

32. Disponível em: https://theconversation.com. Acesso em: 10 jul. 2024.

E ainda vos mostrarei um caminho sobremodo excelente.

(1Cor 12:31)

Ainda que eu falasse as línguas dos homens e dos anjos, e não tivesse amor, seria como o metal que soa ou como o sino que tine. E ainda que tivesse o dom de profecia, e conhecesse todos os mistérios e toda a ciência, e ainda que tivesse toda a fé, de maneira tal que transportasse os montes, e não tivesse amor, nada seria. E ainda que distribuísse toda a minha fortuna para sustento dos pobres, e ainda que entregasse o meu corpo para ser queimado, e não tivesse amor, nada disso me aproveitaria.

(1Cor 13:1-3)

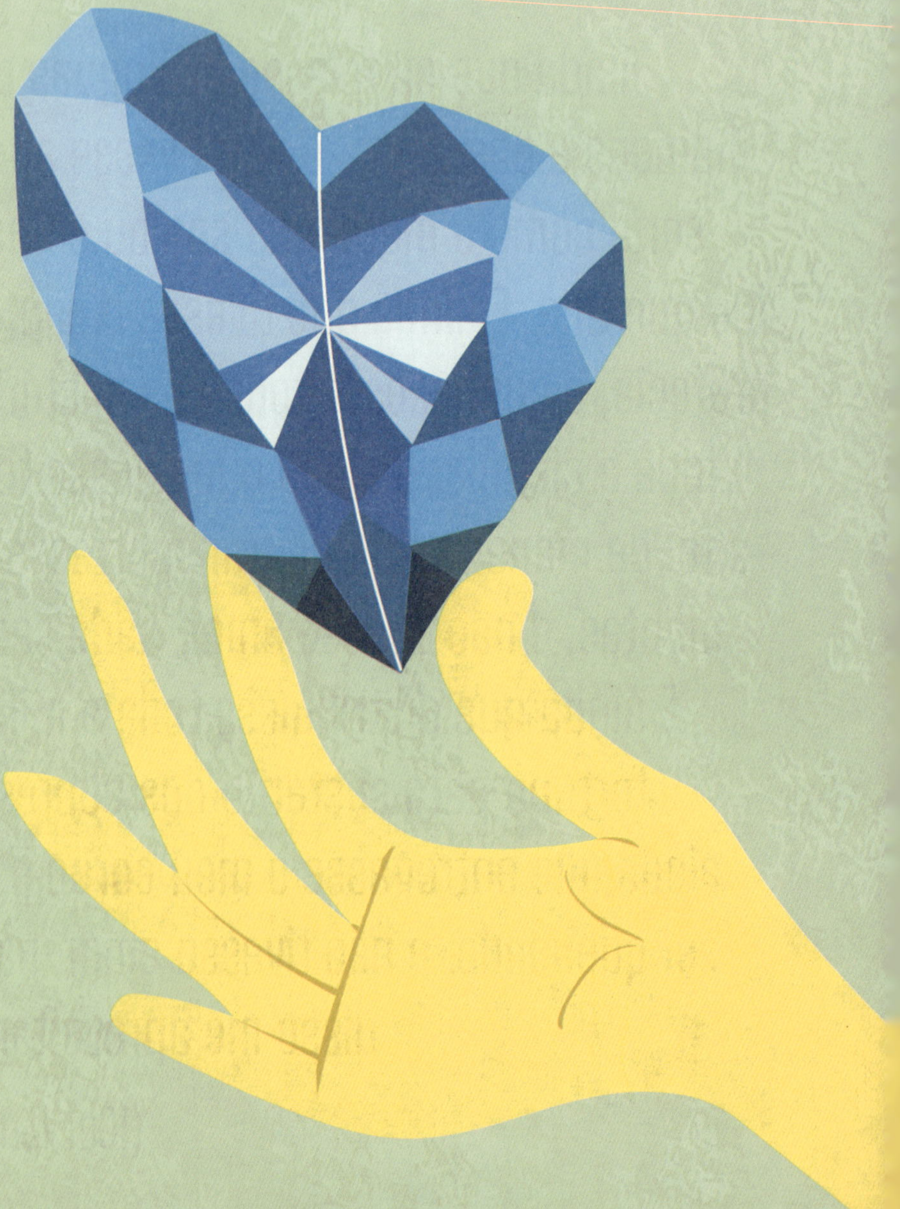

Capítulo 11

Regras de diamantes azuis

Uma palavra autológica é aquela cuja escrita corresponde ao seu significado. Por exemplo, "curto" é uma palavra curta. Quando uma palavra não corresponde ao seu significado, ela é chamada de heterológica. Por exemplo, "amor". Quantos significados, sentimentos ou modos de amar cabem nessa palavra? O poeta Carlos Drummond de Andrade dizia que o "amor foge a dicionários e a regulamentos vários", já os antigos filósofos gregos tentaram se aproximar de uma compreensão, propondo ao menos seis formas de amor: 1. *eros* (paixão e desejo), 2. *philia* (amizade profunda), 3. *ludus* (diversão, brincadeira), 4. *pragma* (amor duradouro), 5. *philautia* (amor próprio), e o que nos interessa aqui, 7. ágape (amor altruísta), o mais nobre dos amores.

"Ágape não é *eros* porque não é desejo de quem ama, nem é *philia* porque não se limita à alegria de quem ama", explica Clóvis Barros Filho, mestre em Science Politique – Université de Paris, e doutor em Ciências da Comunicação pela Universidade de São Paulo. "O que importa no amor ágape não é o desejo ou a alegria de quem ama, mas a alegria do amado". O que sentem os pais pelos filhos, por exemplo.

Francisco de Assis nos dá preciosas lições sobre o amor incondicional em diferentes esferas de sua vida, especialmente em suas relações com a humanidade e, de forma especial – "algo misterioso, que harmoniza *eros* e ágape, fascinação e transfiguração"[33] –, com Clara.

Conta-se que Francisco e Clara nutriam um vínculo profundo, um amor que agitava os murmúrios na pequena Assis, levando Francisco a propor uma separação temporária para silenciar os comentários. Com pesar, Clara consentiu em partir. Em meio à tristeza, no caminho, ela indagou com melancolia: "Quando nos encontraremos novamente?". Francisco respondeu: "Quando o verão retornar, quando as rosas florescerem". Num instante, diante de seus olhos, os campos cobertos de neve se transmutaram em um mar de flores. Clara, então, colheu um buquê e o entregou a Francisco. Nesse instante, compreenderam que a distância física não tinha poder sobre a força de sua amizade e a devoção compartilhada.

Não apenas Clara de Assis, mas também os pobres, doentes, menos favorecidos e os animais se beneficiaram do amor ágape de Francisco de Assis. Sua vida e ensinamentos inspiraram inúmeras pessoas ao longo dos séculos a viverem com mais compaixão e em harmonia. É que o amor ágape transcende os limites pessoais para incluir mais mundo.

Para muitos, é a manifestação do amor divino aos seres humanos; para os cristãos, espelha-se no amor demonstrado por Jesus aos seus discípulos. Ele possibilita uma expressão mais pura de afeto, cujo objetivo primeiro é a busca pelo bem-estar do próximo. É um amor que transcende o egoísmo, uma doação desinteressada que se manifesta na entrega total ao outro e leva ao altruísmo.

---

33. Disponível em: https://theconversation.com. Acesso em: 10 jul. 2024.

Felicidade no altruísmo

> *Se puder, tanto quanto possível, cultive essa qualidade de calor humano, desejando genuinamente que outras pessoas sejam felizes; esse é o melhor caminho para realizar sua própria felicidade. Esse também é o estado mental mais gratificante.*
>
> (Matthieu Ricard)

Ajudar os outros sem esperar nada em troca. Fazer o bem pelo bem. Importar-se com o bem-estar de alguém. O altruísmo é um fenômeno que desperta interesse em diversas áreas do conhecimento. Teólogos exploram suas bases espirituais e implicações religiosas. Cientistas estudam sua origem evolutiva e mecanismos neurológicos. No campo da psicologia, busca-se compreender a mente altruísta e os fatores que influenciam esse comportamento. Já os sociólogos analisam o impacto do altruísmo nas dinâmicas e estruturas sociais. E as opiniões não são unânimes.

Freud olhava para o altruísmo com desconfiança e não usou meias-palavras para afirmar: puro mecanismo de defesa contra nosso impulso destrutivo de prejudicar os outros. Também Nietzsche expressou uma visão altamente crítica em relação ao altruísmo, considerando ser um controle sobre impulsos e necessidades básicas. Para o pensador alemão, o valor atribuído ao sacrifício pessoal poderia resultar na negação da própria vida e dos desejos individuais, conduzindo ao sofrimento e à renúncia da felicidade em favor dos outros. O altruísmo, ele dizia, tende a obscurecer a bondade para consigo mesmo em prol da bondade para com os outros e compromete a capacidade genuína de uma pessoa ser verdadeiramente generosa, desviando-a de seus próprios valores e desejos.

Mas há outros olhares para aquilo que o filósofo Thomas Nagel, em sua obra *A possibilidade do altruísmo,* chamou de "disposição para agir em consideração aos interesses de outras pessoas sem a necessidade de motivos ulteriores". Ele contradiz a ideia de que toda ação altruísta é motivada pelo interesse próprio e argumenta que quando desejamos a felicidade de alguém, nosso foco está na felicidade da outra pessoa, não na nossa própria satisfação.

Como Nagel, muitos estudiosos do comportamento destacam uma visão menos pessimista da natureza humana. Jonathan Haidt, PhD em Psicologia e considerado um dos principais pensadores globais em 2012,[34] diz que as crianças têm um senso moral inato, independentemente da influência dos pais ou das normas sociais. Pesquisas mostram que bebês têm noção de equidade e tendem a compartilhar seus brinquedos de forma altruísta, especialmente com outras crianças que, durante o estudo, foram submetidas a alguma forma de injustiça.

De dentro para fora

A ativista e educadora americana bell hooks acreditava que aqueles que caminham a trilha do altruísmo são movidos por um impulso moral que vem das profundezas do ser. É uma força que os impele a buscar ideais nobres como justiça, igualdade e compaixão. Mas antes de expressarmos amor pelos outros, Hooks lembra a importância de primeiro nutrir o amor por nós mesmos. Não o egoísmo vazio, mas um amor-próprio genuíno e libertador. Quando nos aceitamos incondicionalmente, criamos espaço interno para receber e compartilhar o ágape. A expressão autêntica desse amor-próprio, diz Hooks, é a base para uma prática amorosa verdadeiramente humana. Um amor "centrado no outro", que ela viu personificado na filosofia de Martin Luther King Jr.

---

34. Nomeado pela revista *Foreign Policy*. Em 2013, pela revista *Prospect*, recebeu três prêmios de ensino da Universidade de Virgínia, e suas palestras no TED foram vistas mais de seis milhões de vezes.

Nessa mesma linha, Viktor Frankl, criador da logoterapia, tinha uma visão bastante otimista sobre o altruísmo. Para ele, altruísmo significava mais do que simplesmente ajudar os outros: era uma forma de ir além do ego e encontrar um propósito maior na vida. Frankl acreditava que servindo os outros podemos nos aperfeiçoar como pessoas, desenvolvendo nosso máximo potencial, pois a existência humana aponta para algo maior do que nós mesmos, para significados a serem cumpridos e outras pessoas para serem amadas. Ele via a autotranscendência como uma parte essencial da realização humana.

Altruísmo como fio condutor entre gerações

Em seu artigo *Altruísmo e felicidade*, Matthieu Ricard, doutor em Biologia Molecular e monge budista do mosteiro Shechen Tennyi Dargyeling, no Nepal, diz que o altruísmo pode ser o fio condutor para lidar com três grandes questões da atualidade: equilibrar os desafios da economia em curto prazo, a satisfação com a vida em médio prazo e as questões ambientais em longo prazo. Mas concorda que há um grande obstáculo para esses objetivos: nossas satisfações e aspirações individuais versus as necessidades das gerações futuras e do planeta. A maioria tende a favorecer os próprios interesses imediatos ao invés de cuidar das necessidades em longo prazo.

Para Ricard, apontado pelos cientistas da Universidade de Wisconsin, nos EUA, como o "homem mais feliz do mundo", encontrar uma saída envolve repensar nossos valores e, mais desafiador ainda, mudar nossos hábitos. Ele destaca que o altruísmo não é apenas uma ideia nobre, mas uma força prática vital para o bem-estar de todos.

Conta-se que, certa vez, um discípulo perguntou ao Mestre: "Qual a melhor forma de agir com o outro?". O Mestre respondeu: "Não existe outro". O amor altruísta e a compaixão estão "sintonizados com a realidade" da natureza interdependente de todos os seres. "O amor altruísta e a compaixão são 'funcionais'. Alguém que vê os fenômenos como interdependentes, cultiva a compaixão e depois age de acordo, sentirá uma sensação de harmonia".

No coração do budismo, explica o monge, há uma conexão entre amor altruísta, compaixão, empatia e felicidade. O amor altruísta é mais do que um mero sentimento; é o desejo de que todos os seres encontrem não apenas a felicidade, mas também as raízes dessa felicidade. É um anseio que transcende o ego e abraça toda a existência. Para isso, é preciso compaixão ("o desejo de que todos os seres sejam libertados do sofrimento e de suas causas") e – do alemão *einfühlung*, "sentir dentro" –, que é a capacidade de nos colocar no lugar de outra pessoa e entender como ela se sente.

O outro como semelhante

Autora do livro *O coração do altruísmo: percepções de uma humanidade comum*, que ganhou vários prêmios, incluindo o de melhor livro da American Political Science Association, Kristen Monroe narra, entre outras histórias, a de Otto Springer, um empresário alemão que se arriscou para proteger funcionários judeus de sua empresa. Ele subornava autoridades nazistas, falsificando documentos e ajudando judeus a escaparem da prisão e da morte. Mesmo quando teve a chance de se transferir para a Índia, onde estaria seguro, ele optou por permanecer na Europa e continuar sua missão.

Em entrevista ao jornal da Universidade de Princeton, Springer recusou o título de virtuoso, dizendo que apenas teve compaixão. Para ele, ajudar os outros não era uma escolha e, sim, uma necessidade.

Onde o resto de nós vê um estranho, os altruístas veem um humano.

(Kristen Monroe)

Também a brasileira Aracy de Carvalho, o "Anjo de Hamburgo", tornou-se conhecida por sua corajosa atuação em salvar judeus perseguidos pelo regime nazista. Fluente em português, alemão, inglês e francês, ela trabalhava no consulado brasileiro em Hamburgo. Apesar de conhecer a Circular Secreta 1127, que restringia a entrada de judeus no Brasil, Aracy continuou emitindo vistos para que pudessem buscar refúgio em solo brasileiro. Nessa missão humanitária, ela contou com o apoio do escritor João Guimarães Rosa, então cônsul-adjunto em Hamburgo, com quem se casaria algum tempo depois.

Por que fazer o bem nos faz bem

Ainda que façamos bem aos outros de modo desinteressado, pesquisas garantem que nós também nos beneficiamos com o altruísmo. A felicidade ligada ao ato de ajudar o próximo foi investigada pela primeira vez em 1991, por Allen Luks. Autor de *The healing power of doing good: the health and spiritual benefits of helping others* ("O poder de cura de fazer o bem: os benefícios espirituais e de saúde de ajudar os outros", em tradução livre), Luks entrevistou milhares de voluntários nos Estados Unidos e descobriu que aqueles que se engajaram em atividades de voluntariado relataram melhorias significativas em sua saúde em comparação aos seus pares da mesma faixa etária.

Mais recentemente, estudos científicos revelam que pessoas com relacionamentos sólidos tendem a viver mais e a lidar melhor com doenças do que aquelas que se sentem isoladas. Laços sociais saudáveis também podem contribuir para reduzir a ansiedade e a depressão, enquanto atos altruístas têm o poder até de aliviar dores físicas. O altruísmo também está fortemente ligado à satisfação com a vida, à felicidade e a um sentido mais profundo de propósito. De acordo com pesquisas da Gallup World Poll, a generosidade é um dos melhores indicadores de bem-estar geral.

O voluntariado, além de proporcionar o bem para os outros, também é uma excelente maneira de expandir nossas redes sociais e cultivar novas amizades. Estudos com 4,5 mil adultos voluntários descobriu que essa prática não apenas os fazia se sentirem bem no momento, mas também promovia dois tipos diferentes de bem-estar em longo prazo: o bem-estar hedônico, ou seja, sentir-se bem no momento; e o bem-estar eudaimônico, relacionado a se sentir bem consigo mesmo.

A sensação de importância, de fazer parte de algo maior do que nós mesmos, pode ser a chave dos benefícios. Como seres sociais, estamos programados para valorizar a conexão com os outros. Quando nos sentimos isolados, nosso corpo interpreta isso como uma ameaça à nossa sobrevivência, ativando sistemas de alarme em nosso cérebro. Mas quando nos sentimos cuidados, valorizados e conectados, é como se um interruptor fosse ligado, ativando sistemas cerebrais relacionados à recompensa e promovendo um ciclo virtuoso de conexão e bem-estar social.

Esses benefícios não estão reservados apenas para tempos de tranquilidade. São particularmente perceptíveis em momentos de crise. Um estudo conduzido por Stephanie Brown e Dylan Smith[35] descobriu que pessoas que passaram pela perda de um cônjuge se

---

35. Disponível em: https://journals.sagepub.com/doi/abs/10.1111/1467-9280.14461. Acesso em: 10 jul. 2024.

recuperaram mais rapidamente de sintomas depressivos quando se envolveram em ajudar outras pessoas.

Outra pesquisa, liderada por Maria Pagano,[36] revelou que alcoólatras que se dedicaram a ajudar outros durante o tratamento para dependência química tiveram uma maior probabilidade de manter a sobriedade no ano seguinte. Além disso, 94% dos alcoólatras que começaram a ajudar outros em algum momento durante um período de estudo de 15 meses apresentaram uma redução significativa nos sintomas de depressão.

Além desses, muitos outros estudos corroboram a ideia de que ajudar não apenas contribui para uma vida mais saudável, mas também para uma vida mais longa. Em 2005, uma análise envolvendo mais de sete mil adultos mais velhos, realizada por pesquisadores da Universidade de Stanford, revelou que o voluntariado frequente estava associado à longevidade.

Outro estudo, publicado no *Journal of Social Psychology*, descobriu que aqueles que oferecem seu tempo e recursos para ajudar os outros têm menos chances de ficarem deprimidos e relatam maior bem-estar geral. E adivinhe? Não são apenas os grandes gestos que contam. Coisas simples, como segurar a porta para alguém ou elogiar um colega, também têm um impacto positivo em nosso humor e bem-estar.

De acordo com uma pesquisa conduzida pela psicóloga social Elizabeth Dunn, da Universidade da Colúmbia Britânica (UBC), em Vancouver, Canadá, indivíduos que investiam dinheiro em outras pessoas relataram maior felicidade em comparação àqueles que direcionavam todos os seus recursos exclusivamente para si mesmos.

---

36. Disponível em: https://www.ncbi.nlm.nih.gov/pmc/articles/PMC3050518/. Acesso em: 10 jul. 2024.

Amor próprio, amor ao próximo e egoísmo

> *Quando se ridiculariza a bondade, no fundo, a única conclusão é que se está a justificar a delinquência. Não me refiro a uma delinquência explícita, ativa, mas a uma certa atitude delinquente que se justifica pela indiferença e também pela incapacidade de agir.*
>
> (José Saramago)

É comum confundir egoísmo com excesso de amor próprio. Erich Fromm, em *A arte de amar*, explica que o comportamento da pessoa egoísta é estar centrada exclusivamente em si mesma. A perspectiva dela sobre o mundo é egocêntrica, enxergando tudo e todos apenas como recursos para seu próprio benefício. Essa falta de capacidade de amar revela a desconexão entre egoísmo e amor próprio, mostrando que se preocupar com os outros e consigo mesmo não são necessariamente alternativas excludentes. Fromm é enfático:

> A pessoa egoísta não ama a si mesma demais, mas demasiado pouco; de fato, odeia-se. Essa falta de afeição e cuidado por si mesma, que apenas é expressão de sua falta de produtividade, deixa-a vazia e frustrada. É necessariamente infeliz e ansiosamente preocupada em furtar da vida as satisfações que a si própria impede de atingir. Parece cuidar demasiado de si mesma, mas de fato apenas faz uma tentativa malsucedida de encobrir e compensar seu fracasso em cuidar de seu ser real.

Há certo consenso de que pessoas mais egoístas têm mais chances de crescer na carreira. De acordo com pesquisas, essa pode ser uma pista falsa. Ser cortês, cooperativo e empático pode ser mais benéfico para o avanço profissional em longo prazo.

Um estudo realizado ao longo de 14 anos revelou que ser desagradável não leva ninguém mais longe na escada do sucesso. Conduzida por uma equipe de pesquisadores liderada por Cameron Anderson, professor da Berkeley Haas, a pesquisa analisou o percurso de indivíduos com personalidades egoístas, combativas e manipuladoras desde os tempos da faculdade ou pós-graduação até suas posições profissionais na época. O resultado? Não importa o contexto ou as características individuais, ser egoísta não conferiu nenhuma vantagem na competição pelo poder. Mesmo em ambientes organizacionais conhecidos por sua competição feroz, os indivíduos com atitudes egoístas não se destacaram.

Matthieu Ricard alerta que o egoísmo desenfreado, o individualismo exacerbado e o narcisismo estão em conflito direto com o altruísmo e, consequentemente, com a verdadeira felicidade. Para ele, muitas vezes o individualismo construtivo é distorcido em um egoísmo que ignora qualquer responsabilidade coletiva. Esse egoísmo, cada vez mais presente nas sociedades modernas, prioriza os desejos individuais em detrimento do bem-estar comum. O monge lembra que indivíduos narcisistas tendem a carecer de empatia e suas obsessões por riqueza, status e aparência estão ligadas a níveis mais baixos de satisfação e bem-estar geral.

Pensemos em Adolf Hitler. O perfil de personalidade traçado por especialistas do Escritório de Serviços Estratégicos durante a Segunda Guerra Mundial revela um quadro de narcisismo neurótico, insegurança, impotência, masoquismo e tendências suicidas. Essa análise destaca um líder marcado por uma busca incessante para superar as deficiências e as humilhações de sua infância. Sua obra *Minha luta* evidencia perturbações sexuais, indicando dificuldades em consumar o ato sexual de maneira convencional. Essa combinação de características egocêntricas, inseguranças e problemas emocionais contribuiu para moldar a personalidade destrutiva de Hitler.

Uma trilogia possível – amor, altruísmo e a felicidade

> Casamento
> Há mulheres que dizem:
> Meu marido, se quiser pescar, pesque,
> mas que limpe os peixes.
> Eu não. A qualquer hora da noite me levanto,
> ajudo a escamar, abrir, retalhar e salgar.
> É tão bom, só a gente sozinhos na cozinha,
> de vez em quando os cotovelos se esbarram,
> ele fala coisas como 'este foi difícil'
> 'prateou no ar dando rabanadas'
> e faz o gesto com a mão.
> O silêncio de quando nos vimos a primeira vez
> atravessa a cozinha como um rio profundo.
> Por fim, os peixes na travessa,
> vamos dormir.
> Coisas prateadas espocam:
> somos noivo e noiva.
>
> (Adélia Prado)

A preocupação genuína com o bem-estar dos outros pode levar a casamentos mais felizes. Ou pode ser que bons casamentos tornem as pessoas mais altruístas. De qualquer forma, parece haver uma ligação entre altruísmo e felicidade conjugal. Segundo pesquisas, as pessoas que demonstraram ser mais altruístas, dispostas a fazer sacrifícios pelo bem de seus parceiros, relataram maior felicidade no casamento. Enquanto 67% dos altruístas consideraram seu casamento "muito feliz", apenas 50% dos menos altruístas disseram o mesmo. "O amor altruísta foi associado a uma maior felicidade em geral e especialmente a uma maior felicidade conjugal", observou Tom Smith, do Centro Nacional de Pesquisa de Opinião da Universidade de Chicago.

Ainda sobre o altruísmo nos relacionamentos, ao observar a relação entre a saúde, a felicidade e o tempo gasto com outras pessoas em casais idosos ao longo de oito dias, um estudo[37] descobriu que passar mais tempo com outras pessoas proporcionava maior felicidade, tanto para homens quanto para mulheres.

Contrariando a crença popular, pesquisas mostram também que os idosos geralmente relatam níveis mais altos de bem-estar e menos sintomas depressivos em comparação com adultos mais jovens. Embora alguns idosos possam enfrentar declínios físicos e perdas associadas à velhice, a felicidade tende a aumentar ao longo da idade adulta. Essa tendência foi confirmada em estudos que acompanharam as mesmas pessoas ao longo do tempo.

Os mais altruístas

Segundo Tom Smith, os sentimentos altruístas estão em ascensão. Comparando um estudo de 2002 com dados de 2004, Smith observou que o número de pessoas com "sentimentos de carinho e preocupação pelos menos afortunados" aumentou 5%, chegando a 75%. Esse aumento pode ser atribuído a dois fatores principais: um aumento nos eventos negativos na vida das pessoas, levando a uma maior necessidade de cuidado e assistência, e o crescimento da disparidade entre os ricos, que estão ficando mais ricos, e os pobres, cuja situação permanece difícil.

O estudo também mostrou que pessoas que oram diariamente realizam, em média, 77 atos de altruísmo por ano, em comparação com apenas 60 atos entre aqueles que nunca oram. Ao examinar os

---

37. Disponível em: https://www.ncbi.nlm.nih.gov/pmc/articles/PMC2896234/. Acesso em: 10 jul. 2024.

níveis de "amor altruísta", Smith descobriu que eles eram mais altos entre mulheres donas de casa do que entre mulheres que trabalham fora. No entanto os homens, em geral, pontuaram mais alto, o que foi atribuído por Smith a um "elemento de heroísmo estoico e proteção".

O altruísmo também foi mais comum entre idosos e pessoas com formação universitária. Quanto à empatia, as mulheres demonstraram ser mais protetoras em relação aos outros ou preocupadas com os menos afortunados do que os homens. Outros achados interessantes sobre empatia incluem: crianças de lares com dois pais são mais empáticas; meninas criadas por um pai solteiro são as menos propensas a desenvolver empatia; a situação financeira tem pouco impacto no altruísmo ou na empatia; pessoas que votam são mais empáticas e altruístas; a empatia é maior entre aqueles que temem o crime e apoiam o aumento dos gastos em programas sociais.

Praticando o altruísmo

É possível para qualquer pessoa, mesmo aquelas que não têm o hábito do altruísmo, de começar a praticá-lo? Sim. E a chave está na neuroplasticidade, a incrível capacidade do cérebro de remodelar suas conexões neurais e circuitos ao longo da vida em resposta às experiências que vivenciamos. Pesquisas mostraram que novos neurônios podem ser gerados continuamente, mesmo até os instantes finais da vida, isto é, o cérebro está em constante evolução, adaptando-se e sendo esculpido pelos hábitos que cultivamos e pelos novos comportamentos que incorporamos à nossa rotina.

Por onde começar? Há muitos caminhos. Aqui recomendo um primeiro passo, que permeia diversos capítulos deste livro: a meditação. No budismo, a prática da meditação não se limita a simplesmente sentar e respirar, ela envolve também cultivar uma nova maneira de ser e perceber o mundo.

Há quinze anos, uma colaboração entre neurocientistas e budistas praticantes mostrou que, ao meditar sobre bondade e compaixão, os meditadores experientes mostraram um aumento significativo na atividade cerebral de alta frequência, conhecida como ondas gama, em áreas relacionadas às emoções e à empatia.

O psicólogo Daniel Batson categorizou diferentes tipos de empatia. Para verdadeiramente entender e ajudar alguém precisamos não apenas imaginar como seria estar em sua "pele", mas também valorizar suas experiências e sentimentos. A alegria simpática é outra faceta importante, envolvendo a capacidade de nos alegrarmos sinceramente com as conquistas e virtudes de outras pessoas. É um sentimento genuíno de felicidade pelo sucesso e bem-estar alheio. Para os interessados em se engajar nessa prática, os pesquisadores recomendam os seguintes passos:

1. Cultive a compaixão por si mesmo e pelos outros. Reconheça que, quando enfrentamos sofrimento, não estamos realmente sozinhos – essa é uma experiência que nos une à coletividade humana.
2. Esteja atento às oportunidades de auxiliar pessoas próximas – amigos, família, colegas – e também sua comunidade local. Pratique pequenos gestos de bondade diariamente para alegrar o dia de alguém.
3. Identifique causas ou organizações comunitárias que lhe interessam e encontre formas de se envolver. Se não puder doar tempo, considere oferecer habilidades ou recursos financeiros.
4. Para se engajar localmente: inscreva-se nos boletins de ONGs, participe de eventos para conhecer as entidades, confira sites de voluntariado, junte-se a iniciativas comu-

nitárias, verifique o programa de voluntários de sua empresa e fique de olho em outras frentes em seu bairro.
5. Antes de sair de casa, reserve alguns minutos para se imaginar praticando atos de bondade durante o dia. Ao usar seus próprios talentos para ajudar os outros, a sensação de realização é imensurável.
6. Quando alguém o ajudar, sempre agradeça. Um simples "obrigado" pode inspirar ainda mais gentileza ao seu redor. Comece sorrindo para pessoas próximas e vá expandindo gradualmente seu círculo de bondade.

Perdão

Robert M. Pirsig, em seu clássico *Zen e a arte da manutenção de motocicletas*, conta que no sul da Índia, os aldeões prendem um coco oco a uma estaca com um pouco de arroz dentro. Um pequeno orifício na parte superior permite que um macaco faminto coloque a mão, mas não saia facilmente quando segura o grão. Desejoso pelo alimento, o animal se recusa a abrir mão do seu prêmio, mesmo que isso signifique perder a liberdade. Enquanto o macaco fica preso pela sua própria ganância, os astutos aldeões esperam pacientemente para capturá-lo. E nós? Abrimos mão de nossos ressentimentos ou somos capturados por eles?

Perdoar não significa esquecer ou ignorar o que aconteceu, mas escolher deixar para trás a má vontade em relação à pessoa que nos machucou. Uma pesquisa recente na Universidade Harvard lançou luz sobre o poder do perdão na saúde mental. Mais de 4,5 mil pessoas em cinco países participaram do estudo. Um grupo recebeu uma apostila especial com exercícios de perdão, enquanto outro aguardou por duas semanas. Os resultados mostram que aqueles que fizeram os exercícios relataram se sentirem mais tolerantes e tiveram menos sintomas de ansiedade e depressão. Para Tyler VanderWeele, diretor do Programa de Florescimento Humano de Harvard, o perdão não é apenas uma alternativa à ruminação, mas uma jornada de libertação e cura.

O psicólogo Everett Worthington, ao longo de sua carreira como conselheiro matrimonial, percebeu a importância do perdão no processo de cura emocional. Ele desenvolveu um método prático chamado REACH, que envolve uma série de etapas, desde se lembrar da dor até se comprometer com o perdão. O psicólogo aplicou o seu método com quase cinco mil pessoas de cinco países diferentes, explorando os efeitos do perdão em sua saúde mental e bem-estar geral. As etapas propostas por Worthington para aqueles que desejam alcançar a libertação emocional por meio do perdão são:

1. Lembre-se (*Remember*): traga à mente a situação dolorosa que precisa ser perdoada. É importante não ignorar ou minimizar a dor que você sentiu, mas reconhecer e validar suas emoções. Nessa etapa, você é encorajado a se lembrar do evento de forma objetiva, sem tentar suprimir seus sentimentos.
2. Empatia (*Empathize*): em seguida, cultive empatia pelo ofensor. Isso não significa desculpar suas ações ou invalidar seus próprios sentimentos, mas entender que todos têm suas lutas e imperfeições. Tentar ver a situação através dos olhos do outro pode ajudar a humanizar a pessoa que causou a dor.
3. Presente altruísta (*Altruistic gift*): esta etapa envolve oferecer o presente do perdão de forma altruísta. Você é convidado a refletir sobre momentos em que você mesmo

cometeu erros ou agiu de maneira inadequada, reconhecendo sua própria humanidade e capacidade de falhar. Isso ajuda a promover um senso de compaixão e compreensão em relação ao ofensor.

4. Comprometer-se (*Commit*): tome a decisão consciente de perdoar. Isso pode ser feito escrevendo uma carta não enviada ao ofensor, expressando seus sentimentos e se comprometendo com o processo de perdão. Assumir esse compromisso é fundamental para avançar em direção à cura emocional.

5. Aguarde (*Hold on to forgiveness*): por fim, é importante ficar firme no perdão ao longo do tempo. As memórias da transgressão não desaparecerão completamente, mas a maneira como você reage a elas pode mudar. Segurar o perdão significa escolher não reviver a dor do passado repetidamente e se permitir seguir em frente com sua vida.

Agradecer é reverenciar a existência

> Não consigo fingir que não estou com medo. Mas meu sentimento predominante é a gratidão. Amei e fui amado. Recebi muito e dei algo em troca, li, viajei, pensei, escrevi. [...] Acima de tudo, fui um ser senciente, um animal que pensa, neste belo planeta, e só isso já é um enorme privilégio e aventura.

Foi isso que confessou o neurologista e escritor inglês Oliver Sacks, ao noticiar aos seus leitores que tinha à sua frente poucos meses de vida. A maioria de nós se desesperaria. Sacks agradeceu. Em seu livro *Gratidão*, ele nos ensina a aproveitar cada minuto que nos resta.

Tenho visto minha vida com grande altitude. Como uma espécie de paisagem. Isso não quer dizer que não quero mais nada com a vida. Muito pelo contrário, sinto-me intensamente vivo, e desejo e espero, no tempo que ainda me resta, aprofundar minhas amizades, dizer adeus àqueles a quem eu amo, escrever mais, viajar, se tiver forças, atingir novos patamares de compreensão e descortino. Não há tempo para o que não é essencial.

Não importa qual seja a condição ou o momento em que estejamos em nossas vidas, agradecer e receber gratidão pode melhorar o nosso bem-estar, especialmente em momentos difíceis. Foi o que comprovou o psicólogo Robert A. Emmons em duas décadas de estudo. Para ele, a gratidão é uma espécie de lente que nos possibilita ver a vida em termos de bondade, graça. Ela pode ser benéfica a nossa saúde mental, emocional e, em alguns casos, física.

Olhos parados

Olhar, reparar tudo em volta, sem a menor intenção de poesia.
Girar os braços, respirar o ar fresco, lembrar dos parentes.
Lembrar da casa da gente, das irmãs, dos irmãos
e dos pais da gente.
Lembrar que estão longe e ter saudades deles...
Lembrar da cidade onde se nasceu,
com inocência, e rir sozinho.
Rir de coisas passadas. Ter saudade da pureza.
Lembrar de músicas, de bailes, de namoradas que
a gente já teve.
Lembrar de lugares que a gente já andou e de coisas
que a gente já viu.
Lembrar de viagens que a gente já fez e de amigos
que ficaram longe.
Lembrar dos amigos que estão próximos e das
conversas com eles.

> *Saber que a gente tem amigos de fato!*
> *Tirar uma folha de árvore, ir mastigando, sentir*
> *os ventos pelo rosto...*
> *Sentir o sol. Gostar de ver as coisas todas.*
> *Gostar de estar ali caminhando. Gostar*
> *de estar assim esquecido.*
> *Gostar desse momento. Gostar dessa emoção tão cheia de*
> *riquezas íntimas.*
>
> (Manoel de Barros)

Ao escreverem cartas de agradecimento ou simplesmente listarem as coisas positivas ao seu redor, participantes dos estudos sobre gratidão compartilharam experiências notáveis. Relataram uma redução significativa nos sintomas de depressão e ansiedade, além de um aumento palpável na autoestima e na satisfação com o dia a dia.

Mas os benefícios não param por aí. A influência da gratidão também se estende aos nossos relacionamentos mais íntimos. Expressar gratidão a colegas, amigos ou parceiros românticos pode fortalecer esses laços, unindo-nos mais estreitamente, como constatou a psicóloga Sara Algoe, da Universidade da Carolina do Norte, em Chapel Hill, em sua pesquisa sobre o impacto da gratidão nos relacionamentos. E não é só isso: os benefícios da gratidão também se manifestam em um sono mais reparador e níveis mais equilibrados de pressão arterial.

Pequenas doses, grandes efeitos

Embora os estudos não ofereçam uma receita definitiva sobre a frequência ideal ou os métodos mais eficazes, muitos especialistas sugerem que reservar alguns momentos diários para praticar a gratidão pode gerar benefícios duradouros. Joel Wong, professor de

Aconselhamento Psicológico na Universidade de Indiana, acredita que os maiores benefícios surgem quando a gratidão se torna um hábito arraigado em nossa rotina. Ele mesmo opta por refletir sobre suas razões para gratidão logo pela manhã, ao ligar o computador no trabalho.

Gretchen Schmelzer, psicóloga da Filadélfia, reforça a importância dessa prática, especialmente nos momentos mais desafiadores. Após um acidente que a deixou temporariamente em uma cadeira de rodas, ela passou a se lembrar diariamente de "ser grata pelo que podia fazer, em vez de focar no que não podia". É um exercício que, segundo ela, "nos permite enxergar o que temos e sentir abundância".

Mas como começar esse hábito? Uma sugestão valiosa é integrá-lo a uma rotina já estabelecida, facilitando sua incorporação natural no dia a dia. Outra estratégia é registrar por escrito os motivos para gratidão – mesmo que sejam apenas algumas linhas ou um e-mail rápido. A especificidade também é importante, pois "aprofunda nossa experiência de gratidão", explica Wong. Em vez de um simples "Obrigado", é mais significativo detalhar: "Estou grato por você ter cuidado das tarefas da cozinha esta noite. Adoro como nos revezamos para dar um tempo um ao outro".

Para incentivar uma prática mais específica e significativa, Wong elaborou uma lista com cem perguntas inspiradoras, desde "Que talento ou habilidade você tem que muitas pessoas admiram?" até "Que descoberta recente lhe trouxe alegria?". Ao colocar a caneta no papel, diz ele, "retardamos nosso processo de pensamento, refletindo de forma mais deliberada e deixando um registro permanente de nossas bênçãos".

Afinal, cultivar a gratidão é um investimento valioso em nossa jornada de crescimento pessoal e no florescimento coletivo. Basta lembrar: pequenos gestos, quando praticados com consistência, têm o poder de gerar grandes transformações.

Chegamos ao fim

Ou ao recomeço?

Certa vez, Rubem Alves escreveu: "Eu quero desaprender para aprender de novo. Raspar as tintas com que me pintaram. Desencaixotar emoções, recuperar sentidos".

Para uma reinvenção real, a psicanalista Maria Homem nos lembra que a vida, em sua essência, é um constante processo de reinvenção. Não apenas a vida humana, mas toda a natureza, desde o surgimento do Cosmos até os mais ínfimos organismos. Mas ela lembra que também há um aspecto sombrio nessa busca pela reinvenção, a repetição, e alerta sobre a necessidade de encararmos o luto do antigo e nos entregarmos ao novo transformador.

Ela compara nossas mentes às máquinas, que são altamente repetitivas, seguindo padrões previsíveis que, muitas vezes, aprisionam-nos em ciclos de comportamento e pensamento. Essa repetição pode nos prender em hábitos e padrões de pensamento que nos impedem de alcançarmos nosso potencial máximo.

Para conseguirmos nos reinventar, a psicanalista nos encoraja a enfrentar o luto daquilo que nos mantém presos ao passado, sejam ideais preestabelecidos pela sociedade ou padrões comportamentais arraigados. De longe, não é um processo fácil, envolve dor e desafio. Por meio do luto e da separação do antigo, podemos encontrar espaço para a criação de algo novo e genuinamente transformador.[38]

Agradeço sinceramente por sua dedicação em explorar a felicidade comigo. Que este livro, sem fórmulas e métricas, seja apenas uma fonte de inspiração e aprendizado, possibilitando lutos e ressignificações na busca diária e incessante por uma vida mais feliz.

---

38. Disponível em: https://www.youtube.com/watch?v=GdW_fVH9kD8. Acesso em: 10 jul. 2024.

Para iniciar novas jornadas, um pequeno poema de Ricardo Reis para uma grande vida:

> Para ser grande, sê inteiro: nada
> Teu exagera ou exclui.
> Sê todo em cada coisa. Põe quanto és
> No mínimo que fazes.
> Assim em cada lago a lua toda
> Brilha, porque alta vive.

grupo
novo
século

Compartilhando propósitos e conectando pessoas.
Visite nosso site e fique por dentro dos nossos lançamentos:
www.gruponovoseculo.com.br

‹ns

facebook/novoseculoeditora
@novoseculoeditora
@NovoSeculo
novo século editora

gruponovoseculo
.com.br

Edição: 1ª
Fonte: Minion Pro 12/18
Big Shouders